Harem

Carla Coco

Harem

SINNBILD ORIENTALISCHER EROTIK

Orbis Verlag

Für Flavio

ISBN 3-572-01366-6

Titel der Originalausgabe: Harem. Il sogno esotico degli occidentali

Umschlaggestaltung: Büro Norbert Pautner, München
Übersetzung: Claudia Podehl-Fenu
Redaktion: Susanne Friedrichsen
Satz: A & M dtp, Stuttgart
Druck: EBS, Verona

Printed in Italy

817 2635 4453 6271

Inhalt

»Der Orient als Bild oder Vorstellung beschäftigt mittlerweile jedermanns Verstand und Phantasie. Vielleicht ließ ich mich unbewußt davon beeinflussen. Orientalische Motive haben ganz von selbst all meine Gedanken, all meine Träumereien durchdrungen; und ohne besondere Willensanstrengung liefen meine Träumereien und Gedanken nacheinander hebräisch, türkisch, griechisch, persisch, arabisch und sogar spanisch ab.«

Victor Hugo, Vorwort zum Gedichtszyklus
Les Orientales, 1829 (dt. *Aus dem Morgenlande*, 1903)

Die Frau im Reich der Osmanen

Der Harem ist ein Vorrecht der Reichen, denn nur sie können mehr als einer Frau Wohlhabenheit gewährleisten. Der normale Türke hat immer nur eine Ehefrau, obwohl er vier Frauen heiraten und auch noch ein oder zwei Konkubinen haben könnte.

Stefano Ussi, *Die Rückkehr des Scheichs*, 1856.
London, Chaucer Fine Arts.

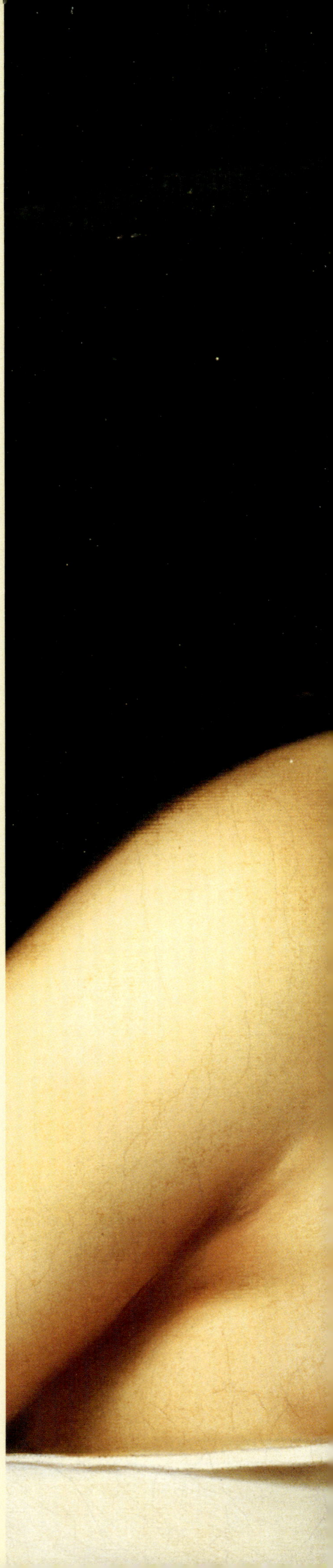

Die Frauengesellschaft

Will man den wahren Sinn der osmanischen Gesellschaft verstehen, so führt uns deren Formalismus über recht komplizierte Wege. Der Reichtum und die Vielfalt des Frauenuniversums tritt erst zutage, da wir die schwierigen Mechanismen begreifen, die es regeln. Unter dem Mantel der scheinbaren Abgeschiedenheit und der strengen Trennung der Geschlechter gibt es im Land der osmanischen Türken Freiräume, die man auf den ersten Blick nicht erfassen kann. Die Welt der Frauen gleicht den Fassaden der türkischen Häuser: einfach und schmucklos, ungepflegt, ja fast häßlich, nichts weist auf den Luxus und die Raffinesse hin, die sich in deren Innerem entfalten – in den abgeschiedensten Bereichen des Hauses, einem geheimnisvollen Refugium, wo man in einer Vertraulichkeit lebt, die nur selten von außen gestört wird. Ebenso schwelen unter der Gleichförmigkeit und der Anonymität des *ferace*, des knöchellangen Übermantels, der die Orientalinnen den Männern gleichsam unsichtbar macht, ihre Bedürfnisse, Wünsche, Hoffnungen und ihre Träume.

Die osmanische Frau ist fest in das Familienleben eingebunden. Das Türkenvolk, das seinerzeit tribalistisch lebte, auf den Stamm bezogen, den ein gemeinsamer Vorfahre verband, schafft erst durch das Seßhaftwerden und die allmähliche Verstädterung einen Bezug zur Familie. Dieser Nukleus besteht nun aus einer umfangreichen Personengruppe, die der Autorität eines *pater familias* untersteht. Unter einem Dach leben der Vater, die Mutter, die unverheirateten und die verheirateten Söhne, die Töchter, die Enkel, die Konkubinen, die Sklaven und das Dienstpersonal. Nach islamischer Tradition ist diese Ansammlung in zwei Gruppen unterteilt: die Männer leben im *selamlık*, die Frauen im *haremlik*, in zwei voneinander getrennten Bereichen, in die sich in der Praxis das osmanische Haus unterteilt.

Der Vater ist das Familienoberhaupt, dem alle Familienmitglieder Achtung und Gehorsam schulden, er befielt über das Dienstpersonal und besorgt die Verwaltung des gesamten Haushalts. Seine Ehefrau regiert unangefochten und allmächtig über das »Frauenquartier«. Der Harem ist ihre Domäne, selbst das Familienoberhaupt muß, wenn es hier eintreten will, eine Reihe von Formalitäten beachten, von denen nur in ganz außerordentlichen Fällen abgesehen wird. Prinzipiell verfügt der Mann also über eine

Aus oftmals zu wiederholenden Formeln und rituellen Gesten besteht das Gebet, das die Moslems fünfmal täglich nach Mekka gewendet verrichten.
Giulio Ferrario, *Il costume antico e moderno...*, Mailand 1828. Venedig, Biblioteca Nazionale Marciana.

absolute Befugnis im Hause, in der Praxis ist diese jedoch durch Mäßigung und Großzügigkeit beschränkt, die ihm die Vorschriften des Korans sowie die Rechtsprechung der Moslems anempfehlen, welche im Laufe der Jahrhunderte die Rechte aller Mitglieder der Gesellschaft gewahrt hat.

Das Bedürfnis der türkischen Nomaden, sich niederzulassen sowie das kaiserliche Wirken der osmanischen Sultane hatten dazu geführt, daß die türkischen Frauen ihr hohes soziales Ansehen und die in den Steppen Asiens genossenen Freiheiten verloren. Das soziale Gefüge änderte sich und damit auch die Gefühlswelt der Menschen, die einstmals in weiten Räumen gelebt und sich zur Nomadenkultur sowie zum Schamanentum bekannt hatten, zu magisch-religiösen Riten, die zur Ekstase und zur Erfüllung der kosmischen Wanderung führen sollen. Erst aus der Übernahme der islamischen Vorschriften und gewisser byzantinischer Regeln hatte sich die Abgeschiedenheit der Frauen im Harem ergeben. Die Frau verlor ihre aktive Rolle in der Gesellschaft. Doch dank ihres nomadischen Erbes und im Gegensatz zur übrigen moslemischen Welt ließen sich die Türkinnen nicht vollkommen isolieren, sie trennten sich Freiräume aus dem nun stark reglementierten Gefüge heraus. Ja, während gewisser Perioden der Geschichte des Osmanischen Reichs verkehrten sie ihre Situation der Unterlegenheit gerade in ihr Gegenteil.

Das Gesetz des Korans gestattet dem Mann vier offizielle Frauen und eine unbeschränkte Anzahl von Konkubinen, doch verlangt es auch von ihm, daß er für einen guten Unterhalt der ihm anvertrauten Frauen sorgt. Demzufolge bleibt ein Harem Wesiren, *bey*, Paschas und anderen Männern in höherer sozialer Stellung vorbehalten, während der Großteil der türkischen Bevölkerung zwangsläufig monogam lebt. Und nicht nur dies! Wie zahlreiche Reisende aus Europa ironisch hinzufügen, sieht ein Türke im Laufe seines Lebens nur die fünf oder sechs Frauen seines engsten Familienkreises, allein zum Trost bleibt ihm der Anblick der Griechinnen, der Europäerinnen im Istanbuler Stadtteil Pera, der Armenierinnen sowie der wenigen weiblichen europäerischen Reisenden, die Konstantinopel besuchen. Das Surplus an Sex der

Stickerei, Gesang und Tanz gehören zu den unverzichtbaren Künsten, die die Türkinnen erlernen; doch über die engen Grenzen der offiziellen Ausbildung hinaus vermitteln sie einander mündlich vielerlei Kenntnisse, insbesondere im Bereich der Medizin und der Kinderheilkunde.
Raccolta di 120 stampe..., Venetiis 1783.
Venedig, Biblioteca Nazionale Marciana.

Rechte Seite
Die Ausbildung der türkischen Prinzen beginnt sehr früh. Der Hauslehrer kommt jeden Tag in den Harem, doch darf er keinerlei Kontakt zu den Frauen haben, und so findet der Unterricht unter den wachsamen Augen der strengen schwarzen Eunuchen statt.
Turchia Album di 62 foto,
s.d. Venedig, Biblioteca Nazionale Marciana.

Unten:
Der venetische Maler Pietro Bellò malt Istanbul und Umgebung zu Ende des 19. Jhs. und erringt rasch einen so großen Erfolg bei der europäischen Gemeinschaft in Pera, daß der Sultan Abdülhamit II. ihm die Stellung des offiziellen Hofmalers anbietet.
Pietro Bellò, *Einfahrt nach Konstantinopel.*
Bassano del Grappa, Pinakothek.

osmanischen Männer entpuppt sich in der Regel zu einem Wunschtraum, erweist sich als eine Schimäre.

Die Eheregeln, die für alle osmanischen Untertanen gelten, werden von den Familienmitgliedern des Sultans jedoch nicht beachtet. Ab der Mitte des 15. Jahrhunderts schließen die Sultane fast keine Ehen mehr, vereinen sich ausschließlich mit den Konkubinen. Die Prinzessinnen des Sultanspalasts dagegen sind die einzigen Frauen im gesamten Kaiserreich, die, sofern sie Sklaven heiraten, von ihren Ehemännern Monogamie verlangen können.

Einen neuen Status erhält die Osmanenfrau, wenn sie Mutter wird. Ein Moslem sieht sein Leben nur dann als vollständig erfüllt, wenn er Nachkommen zeugt, möglichst natürlich Jungen. Mit der Mutterschaft erringt die Frau eine ganze Reihe von Privilegien. Nicht selten entsteht Polygamie aus der Sterilität der Frau.

Vom Gynäzeum, der kaiserlichen Frauenwohnung, des höchsten Herrschers bis zum kleinsten Häuschen befiehlt die Mutter über Töchter, Schwiegertöchter, Dienerinnen und, bis zu einem gewissen Alter, über die Söhne. Obwohl die Jungen außerhalb des Harems erzogen werden, hängen sie dennoch lange genug vom Einfluß ihrer Mutter ab, die auch die Braut für sie wählt. Stirbt der Vater, wird der Sohn Familienoberhaupt, seine Frau die neue Gebieterin über das Haus, doch bleibt der Sohn seiner Mutter gegenüber weiterhin höchst ehrerbietig. In der ›Hohen Pforte‹, dem Sultanspalast, kommt dieses Gefühl einer allgemeinen Devotion uneingeschränkt in der Achtung zum Ausdruck, die man der Mutter des Sultans zollt, in den öffentlichen Titeln, die man ihr verleiht, der Macht, die sie ausübt.

Sich verstecken ohne sich zu verleugnen

Den Frauen ist es zum Beispiel verboten, die inneren Räume eines Geschäfts zu betreten; sie sollen stets so dastehen, daß man sie von außen sehen kann. Den Frauen ist es verboten, aus Vergnügen mit der Straßenbahn zu fahren, d.h. sie sollen am Ende einer Strecke aussteigen und dürfen nicht sogleich auf der gleichen Strecke wieder zurückfahren. Den Frauen ist es verboten, den Vorbeigehenden irgendein Zeichen zu geben. Und dann dieser gesegnete Schleier, den man zum Schutz der Männer erfunden hatte, und nun dient er zum Schutz der Frauen, denn sie tragen ihn ganz durchsichtig, um gewisse Launen zu erwecken, und ganz dicht, um diese dann befriedigen zu können. Woraus, so erzählt man, viele wunderliche Zwischenfälle entstehen: von glücklichen Geliebten, die nach langer Zeit noch immer nicht wissen, wer ihre Geliebte nun wirklich ist; von Frauen, die sich unter dem Namen einer anderen verstecken, um Rache zu üben; von Foppereien, Erkennungen, Betrügereien, die Anlaß zu unendlich vielem Geschwätz und Zank sind.

De Amicis, *Constantinopoli,* 1878

Die Knaben im Osmanischen Reich haben von Kindheit an Privilegien; sie werden verhätschelt und verzogen. Die reichen Bürgerfamilien schicken sie in eine *medrese*, eine religiöse Eliteschule, in der sie sich auf die Beamtenlaufbahn vorbereiten; die Söhne der Kaufleute erlernen dort den Beruf des Vaters. Die Bildung der Frauen ist, von seltenen Ausnahmen abgesehen, weniger gründlich, in erster Linie auf ihre Aufgabe als Ehefrauen und Mütter ausgerichtet. Sie lernen kochen, die Hausarbeiten verrichten. Gehören sie der wohlhabenden Klasse an, so werden sie im Musizieren und Sticken sowie in der Haushaltsführung unterrichtet. Über das Wenige hinaus, was ihnen auf offiziellem Wege beigebracht wird, erlernen sie jedoch noch sehr viele andere Dinge: Sie beherrschen die Kunst des Erzählens, kennen die Geheimnisse der Heilpflanzen, verstehen sich auf das Heilen vieler Krankheiten sowie darauf, ihren Körper zu pflegen – doch bildet dies alles ein Wissen, das die Mütter ihren heranwachsenden Töchtern in einer Art von Initiation überliefern.

In der Osmanengesellschaft wird die Frau – nicht anders als in Europa – für das Eheleben erzogen. Das ist das große Ereignis, auf das die Familie sie schon von Geburt an vorbereitet. Auch hier wählen und entscheiden die Mütter, beraten ihre Töchter, steuern die gesamte komplizierte Angelegenheit, meist nach zahlreichen Vorunterredungen im *hamam*, dem öffentlichen Bad, das man zu Recht als den Salon oder das Kaffeehaus der Türkinnen bezeichnen darf. Danach kommt es zu geheimen Zusammenkünften in den Harems der beiden Auserwählten. Haben sich die Familien dann geeinigt, bringt der Verlobte dem Mädchen Geschenke und zahlt dem Brautvater eine Geldsumme als Beitrag für die Hochzeitskosten.

Sehen, ohne gesehen zu werden, ist letztendlich ein Vorteil für die Osmaninnen; zwar müssen sie tief verschleiert aus dem Haus gehen, doch können sie *in incognito* überall hingehen, ohne die unerfreuliche Begegnung mit dem eifersüchtigen Ehemann oder neugierigen Verwandten fürchten zu müssen.
George De La Chappelle, *Rucuel de divers Portraits...*, Paris 1648. Venedig, Biblioteca Nazionale Marciana.

Das friedliche Zusammenleben zahlreicher Völker unterschiedlicher Sprache, Religion und Kultur gewährleistet im Osmanenreich ein Gleichgewicht zwischen den verschiedenen sozialen Strukturen.
Turchia Album di 62 foto, s.d.
Venedig, Biblioteca Nazionale Marciana.

Die Hochzeit ist nicht nur ein Zeichen der Achtung und eine soziale Pflicht, sie ist auch schlicht ein Geschäft. Der Koran sieht vor, daß der Bräutigam eine seinem Vermögen entsprechende Summe auszahlt, die der Frau verbleibt, sollte sie später von ihm verstoßen werden. Verstoßene Frauen kehren in ihre ursprüngliche Familie zurück. Zwar verfügt nur der Mann über das Recht, seine Frau zu verstoßen, doch benimmt er selbst sich tadelhaft, so kann die Frau vor einem Richter klagen, der sich jedoch in der Regel darauf beschränken wird, den Übeltäter zu korrekterem Verhalten aufzufordern.

Die Türkin kann frei über ihr Vermögen verfügen, kann im Rahmen der ihr zur Verfügung stehenden Mittel kaufen und verkaufen. Im Erbschaftsfall hat sie allerdings nur ein Anrecht auf die Hälfte dessen, was dem Sohn zusteht, doch vergleicht man diese Situation mit dem »fortschrittlichen« Europa jener Zeit, in dem das Erstgeborenenrecht gilt, so scheint der Status der osmanischen Frauen fast beneidenswert. Die persönliche Freiheit der Frau hängt direkt von ihrem Sozialstatus ab: Die Frauen aus dem Volk gehen allein auf den Markt oder in das *hamam*, die Bürgerfrauen werden von einer Sklavin begleitet, die Damen aus der höheren Gesellschaft verlassen in Begleitung von Sklaven und Eunuchen das Haus, während die Favoritinnen des Sultans nur selten und nur unter engster Bewachung einen zuvor genehmigten, unauffälligen Spaziergang unternehmen dürfen. Tatsächlich jedoch werden diese Vorschriften nicht zu allen Zeiten in gleich Strenge befolgt, auch gibt es unzählige Mittel, die der jeweiligen sozialen Schicht vorgeschriebenen Pflichten zu umgehen.

Für alle Türkinnen gleich ist jedoch die Kleiderordnung. Nur strengstens bedeckt dürfen sie sich auf der Straße zeigen. Zur Pflichtuniform gehört eine Art unförmiger Mantel *(ferace)*, der bis über die Fußfesseln reicht, und ein Schleier *(yaşmak)*, der Haare und Antlitz bedeckt und nur die Augen frei läßt. Die »ewige Maskerade«, die der moslemische Mann verlangt, um die teuflische Vision fernzuhalten, verwandelt sich zuweilen zum Vorteil für die Frauen. Sehen, ohne gesehen zu werden, sich *in incognito* bewegen, unsichtbar sein kann unter Umständen durchaus recht angenehm sein. Die hochgestellte Dame, die allein zum Basar gehen will, zieht sich rasch einen plumpen *ferace* über und verwandelt sich in eine Frau aus dem Volk. So macht es auch Aziyadè im Roman von Pierre Loti, wenn sie ohne größeres Risiko ihren europäischen Geliebten treffen will. Kein Ehemann wäre jemals in der Lage, in dieser Verkleidung seine eigene Frau auf der Straße zu erkennen, und sollte ihn der Zweifel plagen, so kann er doch nichts unternehmen, denn für einen Osmanen wäre es unstatthaft, eine ihm vielleicht nicht bekannte Frau auf der Straße in ungebührlicher Weise anzusprechen.

Der Harem entspricht, ebenso wie der Schleier, dem Bedürfnis der Türken nach dem Theatralischen: Die Straßen Istanbuls gleichen einer Bühne, auf der sich ein Heer von in Operettenfiguren verwandelten Frauen bewegt. Auch schafft der abgeschlossene, unerreichbare, gleichsam stumme Harem die Voraussetzungen für dichterische Fiktion, denn niemals werden die zarten Verse und die Liebesseufzer die Angebetete erreichen. Unzählige Seiten schrieb man vor allem in Europa über das »Viertel der Frauen«

Im Osmanenreich ist man frei vom Puritanismus der christlichen Welt, pflegt den eigenen Körper und akzeptiert die Nacktheit ohne falsche Scham.
Francesco Hayez, *Die Badende.*
Rom, Galleria Nazionale d'Arte Moderna.

Folgende Doppelseite:
Giuseppe Aureli läßt sich, wie viele andere Maler gegen Ende des 19. Jhs., von Drucken und Fotografien inspirieren, die es in Rom infolge der in ganz Europa verbreiteten Türkenmanie überall gibt.
Giuseppe Aureli, *Gespräche im Harem.*
London, Mathaf Gallery.

hinter Schloß und Riegel. Ob zum Mythos erhoben oder zutiefst getadelt, erträumt als ein Ort feinster erotischer Annehmlichkeiten oder als ein elegantes Mädchenpensionat verkannt, so bleibt das Gynäzeum doch in erster Linie ein unberührter Raum, in dem die Frauen frei von allen männlichen Einflüssen denken, sprechen, sich kennenlernen können.

Das Recht der Frauen, ihr Verlangen nach einem eigenen, nur ihnen vorbehaltenen Raum erscheint in Europa lange als unmöglich, ja unlauter. Erst zu Anfang des 18. Jahrhunderts beginnt man in den Patrizierhäusern, an einen den Frauen gewidmeten Bereich zu denken. Gerade aus dieser territorialen Freiheit – so meint Lady Montagu, die Gattin des englischen Botschafters Wortley, der zu Beginn des 18. Jahrhunderts in Konstantinopel akkreditiert ist – entwickelt sich die Macht der Osmanenfrauen als eine im Haus, ja sogar in der Politik Einfluß ausübende Gruppe, die zuweilen eine Gegengesellschaft aufbaut. Die Bewohnerinnen des Harems scheinen ihr als die einzig wahrhaft freien Menschen in einem von Sklaven bevölkerten Reich.

Diesen europäischen Blick auf eine fremde, exotische, zum Teil zutiefst verurteilte, zum Teil zum Ideal verklärte Welt zeigen auch die zahlreichen Bilder, die vornehmlich im 17., 18. und im 19. Jahrhundert nach den Schilderungen von Reisenden entstanden waren. Da es aus dem Harem keine bildlichen Zeugnisse gab und auch Berichte von diesem Ort nur durch Mittelsleute herausgetragen wurden, machten sich die neugierigen Europäer ihr eigenes Bild des Orients. Wo Lady Montagu um eine sachliche Beschreibung bemüht war, gab es viele vor und nach ihr, deren Interesse vornehmlich auf ihre exotischen Vorstellungen vom Orient abzielten, auf das, was ihrer eigenen Kultur gerade entgegenstand.

Die von der englischen Botschaftergattin so begeistert geschilderten Vorrechte der Osmaninnen wandeln sich im Laufe der Jahrhunderte. Zu Beginn der 18. Jahrhunderts erfaßt der Wind der Reformen das Osmanische Reich, und die Frauen treten unmittelbar als Wortführerinnen in einem Modernisierungsprozeß auf, der auch ihre Lebensbedingungen nach und nach verändert. Zu Beginn des 20. Jahrhunderts werden das männliche Recht der Verstoßung und die Polygamie abgeschafft. Die Harems werden geschlossen, eine Epoche ist zu Ende und mit ihr schwinden die Träume, die Sinnestäuschungen, die Mythen.

Begegnung in Saloniki

Ich wähnte mich vollkommen allein, doch empfand ich ein sonderbares Gefühl, als ich in meiner Nähe hinter den breiten Eisenstäben den Kopf eines Menschen und zwei große grüne Augen wahrnahm, die auf mich gerichtet waren.

Die Augenbrauen waren dunkel und so dicht, daß sie einander fast berührten. Der Ausdruck dieses Blicks war eine Mischung aus Energie und Arglosigkeit, man hätte ihn als den eines Kindes interpetieren können, denn er strahlte frisch und jugendlich.

Das Mädchen, das solche Augen besaß, stand auf. Es war in ein türkisches Gewand mit langen steifen Falten gehüllt. Das Gewand war aus grüner, mit silbernen Stickereien geschmückter Seide. Ein mit Sorgfalt angelegter weißer Schleier umhüllte den Kopf, er ließ nur die Stirn und die großen Augen frei. Die Pupillen waren wirklich grün, von jenem Grün des Meeres, das einst die Dichter des Orients besungen hatten.

Dieses Mädchen war Aziyadè.

Aziyadè sah mich starr an. Vor einem Türken hätte sie sich verborgen, doch ein *giaur* ist kein Mann; allerhöchstens ist er Gegenstand der Neugier, den man betrachten kann, soviel man will. Sie schien erstaunt, daß einer dieser Fremden, die ihr Land auf fürchterlichen eisernen Maschinen bedrohten, ein junger Mann war, dessen Aussehen sie weder abstieß noch erschreckte.

Loti, *Aziyadè*, 1991

Die Dame trägt einen Herren-Fez nach der türkischen Mode Ende des 19. Jhs. Die Kleidung hat bei den hohen Osmaninnen alle Kriterien des Nützlichen verloren, schmückt nur noch das Ephimäre, ist Pracht, Koketterie, Verschwendung.
Turchia Album di 62 foto, s.d.
Venedig, Biblioteca Nazionale Marciana.

Linke Seite:
Ein Badesaal im Serai mit Dienerinnen, die hohe, mit Perlmut besetzte Holzpantinen tragen. Ins Bad gehen, sich waschen und massieren lassen, in einer angenehmen und entspannenden Atmosphäre nichts tun und schwätzen, damit vertreiben sich die Türken gerne die Zeit.
Giulio Ferrario, *Il costume antico e moderno...*, Mailand 1828.
Venedig, Biblioteca Nazionale Marciana.

Folgende Doppelseite
Edouard Debat-Ponsan, *Die Massage, 1883.*
Toulouse, Musée des Augustins.

E. DEBAT-PONSAN
1883

Ein abgeschlossener und exklusiver Raum

Häßlich, entstellt, mit wildem Blick, so sehen die schwarzen Eunuchen aus Afrika aus, die im Osmanenreich als Wächter für die Frauen eingestellt werden.
Jean-Léon Gérome, *Der Haremswächter,* 1859. London, Wallace Collection.

Rechte Seite:
Plan von Konstantinopel
Cristoforo Buoldelmonti, *Isolario*, 15. Jh.
Venedig, Biblioteca Nazionale Marciana.

Unten:
Ein wertvolles Weihrauchgefäß
Istanbul, Topkapı.

Der Serail der osmanischen Sultane

Gegenüber der goldenen Stadt Skutari und dem Ungläubigen-Viertel Galata befindet sich eine kleine dreieckige Halbinsel in der Mündung des Goldenen Horns. Sie ist umspült vom warmen Wasser des Marmarameeres und den heimtückischen Strömungen des Bosporus. Diese erquickliche und abgelegene Landzunge wählt in der zweiten Hälfte des 15. Jahrhunderts der Sultan Mehmet II., um dort seine offizielle Residenz zu errichten.

Die einst kriegerisch und nomadenhaft lebenden Türken hatten sich zu Beginn des 14. Jahrhunderts auf dem Hochplateau Anatoliens niedergelassen und im Laufe eines Jahrhunderts im Lande des mittlerweile verfallenden byzantinischen Reichs einen starken und gefürchteten Staat aufgebaut. Die im christlichen Abendland als Barbaren verschrienen »Ritter aus dem Altai« waren Schritt für Schritt gen Europa vorgedrungen und krönten ihren Vormarsch zuletzt mit der Eroberung Konstantinopels, der schönen Hauptstadt der Paläologen und der Komnenen, die sie nach einer langen Belagerung am 29. Mai 1453 stürmten. Unter dem Namen Instanbul wird sie zur neuen Hauptstadt des Osmanischen Reichs.

Mehmet II. (1451–1481), der von nun an den Beinamen *Fatih*, ›der Eroberer‹, führt, begnügt sich nicht mit der Verwirklichung eines seit langem gehegten Traums, nämlich den Thron des *basileus*, des oströmischen Kaisers, zu erklimmen. Unter seiner Regierung sollen neue Wege beschritten werden, er will die staatliche Organisation verändern, in Architektur und Kunst neue Zeichen setzen. Mehmet ist autoritär und eigensinnig, dennoch empfänglich für die Kultur der Griechen und so kunstliebend, daß er gar die Vorgaben des Korans bricht und sich von dem venezianischen Maler Gentile Bellini porträtieren läßt. Er leitet ein Projekt zur Neubelebung und zum Wiederaufbau Konstantinopels in die Wege, ohne dabei jenes Verhältnis zum Griechentums zu zerstören, das die Stadt an ihre Vergangenheit bindet.

Zunächst wählt er für den Bau seiner kaiserlichen Residenz den dritten Hügel in der Nähe des Theodosiusforums, ein dicht bevölkertes Viertel, und nach Abschluß der Bauarbeiten zieht Mehmet mit seinem Harem und seinem Hofstaat auch sogleich dort ein. Doch bereits kurz danach erweist sich dieser Palast als unzureichend für die Erfordernisse der Politik des Eroberers.

So hat der Sultan nach byzantinischem Vorbild sein Königsschloß neu organisiert, und die Zahl der dem Hof angehörenden hohen Beamten, Pagen, weißen Eunuchen, Diener und Gelehrten ist stark angestiegen. Auch zieht der Eroberer das komplizierte griechische Zeremoniell der vertraulichen Formlosigkeit der asiatische Kultur vor, er wünscht Distanz zwischen sich und seinen Untertanten. Dieser Abstand ist der

S. Sophia
S. Andreas
portus Volanga
Constantinopolis olim Bizantium
ambit mill. xviii

erste Schritt auf seinem Weg zum »absoluten Monarchen der Erde, der kein anderes Gesetz als nur den eigenen Willen kennt«. So bezeichnete ihn ironisch einige Jahrhunderte später Lady Montagu, die englische Botschaftergattin. Luxus und Pracht, eine strenge Hierarchie und ein ausgeklügeltes Zeremoniell, Distanz und Heiligkeit erweisen sich in diesem Moment als erforderlich, da die Osmanen als die Fortsetzer von Byzanz auftreten wollen.

Unter der Herrschaft der Barbaren ändert sich vieles in Kleinasien: Auf den Spitzen der schönen byzantinischen Basiliken glänzt nun der Halbmond, auf den Ruinen von Konstantinopel wird Istanbul gebaut, eine opulente Stadt, Leuchtturm des Islam. Die lebhafteste und reichste Metropole des Orients erhebt sich, wie Rom, auf sieben Hügeln, und Mehmet II. will seine neue offizielle Residenz auf dem ersten Hügel errichten.

Dieser als Serail-Spitze *(Saray Burnu)* bezeichnete Ort ist zu jener Zeit mit Bäumen bewachsen und leicht gegen Angriffe von Land oder von See zu verteidigen. Dem für ein mittelalterliches Kastell bestens geeignete Platz kommt darüber hinaus eine große historische Bedeutung zu, denn dort hatte die Akropolis des antiken Byzanz gestanden.

Der kaiserliche Harem

Mittagsstille herrschte um den geheimnisvollen Palast, der hinter seinen vergitterten Fenstern so viel Überdruß und Sehnsucht verbirgt. Ich konnte nicht umhin, an all die Schönheit zu denken, die dem menschlichen Blick verschlossen bleibt, an all die wundervollen Vorbilder aus Griechenland, aus Zirkassien, aus Georgien, aus Indien und aus Afrika, die schwinden, ohne je in Marmor oder auf der Leinwand festgehalten zu werden, ohne daß die Kunst sie hätte verewigen können. Verkörperungen der Venus, die niemals ihren Praxiteles finden werden, Violanten ohne Tizian, Fornarinen, die Raffael niemals zu Gesicht bekommen wird.

Théophile Gautier, *Constantinople,* 1853

Der Türke beginnt 1459 mit den Bauarbeiten, und im Laufe der folgenden viereinhalb Jahrhunderte wird jeder Sultan irgend etwas dem Ensemble hinzufügen – einen Kiosk, ein Bad, eine Bibliothek – einen Beitrag zu jenem prachtvollen Labyrinth, das wir heute bewundern. In der türkischen Sprache erhält die Residenz den Namen *Yeni Saray*, was soviel wie ›neuer Palast‹ bedeutet. Die Europäer entstellen das Wort *saray*, Palast, und machen daraus den Serail. Um Verwechslungen zu vermeiden, wird die erste Residenz Mehmets II. in der Nähe des Theodosiusforums schließlich als *Eski Saray*, ›alter Palast‹, bezeichnet.

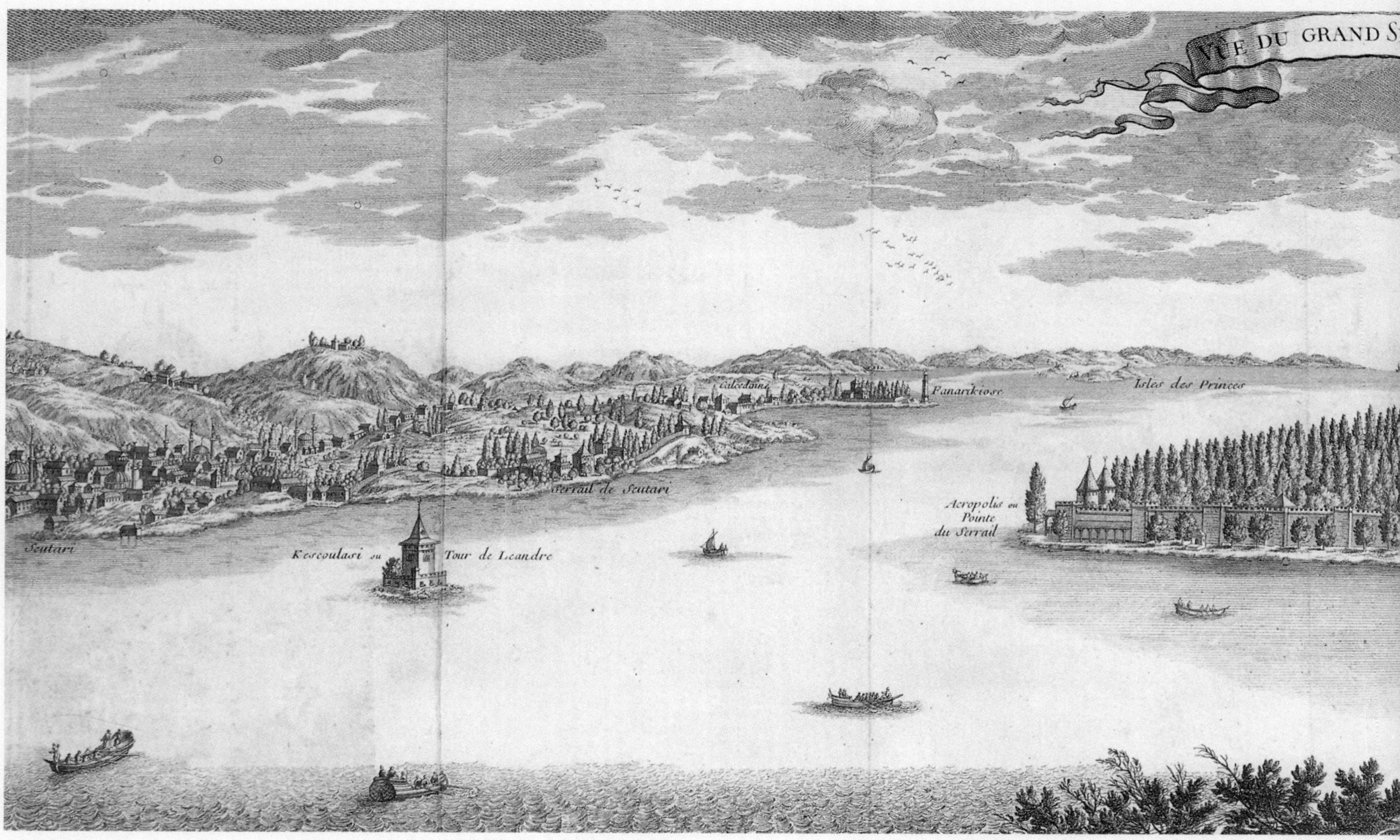

Der Serail der Sultane von Konstantinopel besteht aus vielen von reichlicher Vegetation und von hohen Mauern umgebenen Pavillons. Für die Türken ist das Haus nach wie vor ein Zelt, und auch die kaiserliche Residenz ist nach dieser Auffassung entstanden.
Guer, *Mœurs et usages des Turcs...*, Paris 1746.
Venedig, Biblioteca Nazionale Marciana.

Die Abendländer, die ab dem 15. Jahrhundert die Hauptstadt des Osmanischen Reichs besuchen, enttäuscht jedoch der Anblick des Kaiserpalastes. Immer wieder unterstreichen sie die Armseligkeit des Bauwerks und das Fehlen jeglicher Erhabenheit. Ihnen sind die Baukriterien der Türken fremd. Deren Konzeption des Wohnens und ihr künstlerischer Geschmack stehen in krassem Gegensatz zu denen der Europäer. Wie ehedem lockt sie das Nomadenleben, sind sie durchdrungen von der Auffassung des Erdendaseins als einem Provisorium. Für sie ist das islamische Gesetz des Bauens, nach dem kein Haus länger halten soll, als ein Menschenleben dauert, eine ganz natürliche Vorstellung. Was denn soll eine Residenz anderes sein als ein Zelt in der Steppe? Auch für die mächtigen osmanischen Sultane ist die Wohnstätte eine Aufeinanderfolge voneinander getrennter Pavillons, die nur mit der sie umgebenden Natur in Einklang zu bringen sind.

In einer Festungsstadt, wie Konstantinopel, in der einst die Griechen an der Macht waren, später die Römer, die Byzantiner, die Kreuzritter, bildet die Serail-Landzunge eine natürliche Zitadelle. Als der Eroberer den Bau in Angriff nimmt, sind die byzantinischen Mauern auf der Seite zum Meer hin noch in gutem Zustand. Die Osmanen verstärken und vervollständigen also zunächst die Umfassungsmauer, um den Hügel abzuschließen. Diese Mauern, in die einige Türme eingelassen sind, werden von Wächtern und Soldaten bewacht. Nachts patrouillieren hier die Janitscharen mit einer merkwürdigen Vorrichtung, einem beweglichen Gerät aus Holz, wie der Bailo, der venezianische Botschafter, Ottaviano Bon zu Beginn des 17. Jahrhunderts in einer ausführlichen Beschreibung des Serails berichtet. Die Bewachung ist auf der zum Meer hin offenen Seite besonders scharf. Dort sind Kanonenbatterien aufgestellt, die fremde Schiffe vom Anlegen abhalten sollen.

Die massive äußere Festungsanlage wird von einigen Toren unterbrochen. Im 16. Jahrhundert sind es insgesamt zwölf an der Zahl, zu Ende des 18. Jahrhunderts acht oder neun. Fast alle dienen sie als Diensteingänge und werden nur auf Befehl geöffnet, für des Sultans Bequemlichkeit oder nach Bedarf der bedeutenden Beamten des Palasts.

»Der große Pavillon Seiner Majestät, der viele andere Pavillons umfaßt, mit sehr weiten, wohl eingerichteten Zimmern, Portiken, Galerien, Küchen, Ställen und allen anderen Dingen; ein kleiner Turm auf einer Seite, der auf einer etwas erhöhten Stätte errichtet wurde, der Ort der Wachen, und die besonders weite Einfriedung.«
Codice Cicogna, *Memorie turchesche*, 17. Jh.
Venedig, Bibliothek im Museo Correr.

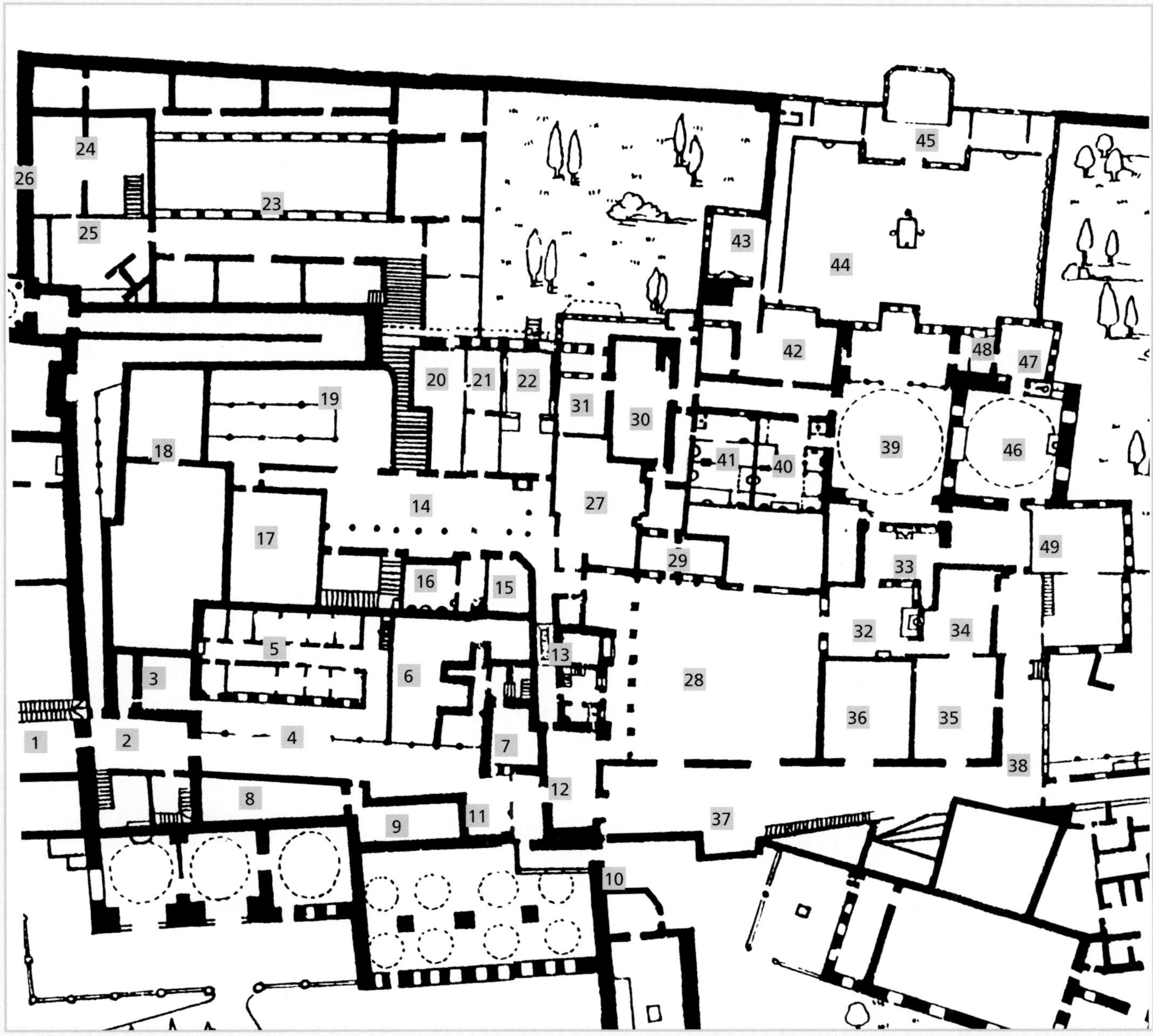

Topkapı, Grundriß mit Harem

1. Aufenthaltsraum für die Garde der scharzen Eunuchen
2. Vorhalle, die zu den verdecken Jalousinen führt, hinter denen der Sultan und seine Frauen die Sitzungen des Ministerrats verfolgen können.
3. Moschee der schwarzen Eunuchen
4. Hof der schwarzen Eunuchen
5. Quartier der schwarzen Eunuchen
6. Prinzenschule
7. Appartement des Kommandanten der schwarzen Eunuchen
8. Unterkunft der Schatzmeisterin
9. Unterkunft der Zeremonienmeisterin
10. Vogelhaustor
11. Haupttor des Harem
12. Aufenthaltsraum der Garde der schwarzen Eunuchen
13. Quartier der Sklavinnen
14. Hof der Sklavinnen
15. Küche der Sklavinnen
16. Bäder der Sklavinnen
17. Schlafsaal der Sklavinnen
18. Wäscherei des Harem
19. Schlafsaal der Sklavinnen
20. Unterkunft des Wäschereimeisters
21. Unterkunft der Vorsteherin der Sklavinnen
22. Unterkunft der Amme
23. Haremshospital
24. Unterkunft des Küchenpersonals für das Haremshospital
25. Küche des Haremshospitals
26. Tor des Schals
27. Pavillon des Sultans Ahmet
28. Hof der Sultaninmutter
29. Wartesaal der Sultaninmutter
30. Speisesaal der Sultaninmutter
31. Schlafsaal der Sultaninmutter
32. Vorhalle zum Kaminraum
33. Vorhalle des Brunnenraums
34. Schatzkammer des Harems
35. Appartement der zweiten, dritten und vierten Frau des Sultans
36. Appartement der ersten Frau des Sultans
37. Goldener Weg
38. Ort für die Befragung des Dschin
39. Prunksaal
40. Bad des Sultans
41. Bad der Sultaninmutter
42. Schlafzimmer Abdülhamits I.
43. Salon Selims III.
44. Hof Osmans III.
45. Schlafzimmer Murats III.
46. Bibliothek Ahments I.
47. Speisesaal Ahmets III.
48. Gefängnis des Prinzen

Das mächtige Kaisertor des Topkapı, zwischen dem Brunnen Ahmets III. und der Hagia Sophia, die ein hohes Minarett überragt.
Giulio Ferrario, *Il costume antico e moderno...*, Mailand 1828. Venedig, Biblioteca Nazionale Marciana.

Zum Meer hin öffnet sich das *Odun Kapısı* oder ›Holztor‹, dort wird das Brennholz angeliefert. Der Brennstoffbedarf der Residenz ist ungeheuer, für dessen Beschaffung und Verteilung ein besonderes Knechtekorps zur Verfügung steht.

Nicht weit entfernt, an der Spitze der Landzunge, öffnet sich das *Top Kapı* oder ›Kanonentor‹, an dessen Seite ebenfalls mächtige Batterien angeordnet sind. Dieser Eingang liegt an einer strategisch wichtigen Stelle. Ab dem 17. Jahrhundert wird er seitlich von zwei quadratischen Türmen flankiert, die nur die Zypressen des angrenzenden Gartens ein wenig schmücken. Mit den Kanonen sollen nicht so sehr eventuelle Angriffe vom Meer abgewehrt werden, öfter künden sie die wichtigsten öffentlichen oder religiösen Ereignisse des Halbmonds an. Schließlich gibt dieser Eingang der gesamten Residenz den Namen, und der Palast des Sultans heißt zuletzt *Topkapı Sarayı*, der ›Palast mit dem Kanonentor‹. Davor liegen im Marmarameer zwei kaiserliche Kajiken vor Anker, stets bereit, auf des Sultans Wunsch in See zu stechen, wenn dieser allein oder mit seinen Lieblingsfrauen einen Ausflug im Bosporus oder zu den Prinzeninseln unternehmen möchte.

Die Monotonie der Mauer wird ferner durch zahlreiche Kioske unterbrochen, in denen der Herr seine Damen empfängt oder auch die Würdenträger des Hofs. Diese kleinen, auf ebenem Gelände oder auf natürlichen Hügeln erbauten Gebäude sind umgeben von herrlich gepflegten Gärten mit exotischen Blumen und Obstbäumen jeglicher Art. Neben dem Kanonentor befindet sich zum Beispiel der auf Pfählen errichte, schmucklose Marmorkiosk.

In der Nähe der Ruine der byzantinischen Kirche der hl. Demeter befindet sich das *Değirmen Kapı*, das ›Mühlentor‹ auch *Hastalar Kapısı*, ›Krankentor‹, genannt, denn es dient der Brotbäckerei sowie dem Dienstpersonal des Krankenhauses. Weiterhin gibt es das *Demir Kapı* oder ›Eisentor‹, das nur eine kleine Gruppe von Offizieren sowie die vom Meer anreisenden Botschafter fremder Länder benutzen dürfen. In der Nähe läßt später der Großwesir von Murat III., Sinan Pascha, 1582 den Perlenkiosk erbauen. Das *Balık Hane Kapısı*, das ›Fischmarkttor‹, führt zu den Unterkünften der bei Hofe dienenden Fischer.

Im Innern gelangt man durch das *Akhor Kapı*, das ›Marstalltor‹, zu den großen Stallungen, in denen in jenen Zeiten bis zu drei- oder viertausend Pferde untergebracht sind. Es folgen das den Weg in die Gärten weisende *Gülhane Kapı*, dann das *Soğuk Çeşme Kapısı*, das ›Tor des Kalten Brunnens‹, das Sultan İbrahim I. Mitte des 17. Jahrhunderts errichten läßt, das *Onluk Kapı*, das ›Zehnertor‹, das der Wachmannschaft vorbehalten ist, und schließlich ein weiteres *Demir Kapı*, durch das man ebenfalls in die Gärten gelangt, das jedoch nicht mit dem zum Meer hin führenden Eisentor verwechselt werden darf.

Während diese Eingänge strengsten Vorschriften unterliegen und nur vom Personal benutzt werden dürfen, so kann jedermann durch das Haupttor in den Serail eintreten. Das etwa hundert Meter vom Hippodrom und von der Hagia Sophia entfernte *Bab-i Hümayun*, das ›Kaisertor‹, beeindruckt den Besucher durch einen mächtigen weißen Marmorbogen, es vermittelt Erhabenheit und Reichtum. Über dem Eingangsbereich befindet sich ein Raum, der im Laufe der Jahrhunderte vielseitig genutzt wurde: Unter Mehmet II. dient er als Privatkiosk, unter Bayezit II. als Aufbewahrungsort für erblose Hinterlassenschaften, unter der Herrschaft Süleymans I. können hier die Frauen aus dem Harem die offiziellen Paraden mitverfolgen, ohne selbst gesehen zu werden. Im 17. Jahrhundert werden zum Schmuck auf dem Dach eigenartige runde Türme errichtet. Die Türmchen und der Raum selbst verschwinden im Laufe der Zeit, neben dem Tor bleiben Nischen zurück, in denen später zur Warnung und Mahnung an das Volk die Köpfe der in Ungnade gefallenen und daraufhin hingerichteten Würdenträger ausgestellt werden.

Oben: Ein Wächter des Sultans.
Unten: Der Brunnen Ahmets III. Im Hintergrund das Kaisertor des Topkapı. Sie wurden zu Beginn unseres Jahrhunderts fotografiert.
Turchia Album di 62 foto, s.d. Venedig, Biblioteca Nazionale Marciana.

Moslems und Ungläubige, Würdenträger höchsten Rangs und das einfache Volk, Untertanen des Reichs und christliche Besucher können den ersten Hof des kaiserlichen Palasts betreten, doch mindert dies die Distanz zwischen dem Herrscher und seinen Untertanen keineswegs. Der Serail besteht aus zwei scharf voneinander getrennten Bereichen, im externen, öffentlichen *(birun)* befinden sich die Diensträume der Regierung und die Ämter, der interne Bereich *(enderun)* ist Privatresidenz des Hofs, des Harems, des Sultans. Der »Kreis der Gleichheit«, der Wesenskern des Osmanischen Reichs, kommt in dieser Anlage des Palasts perfekt zum Ausdruck. In konzentrischen Kreisen werden die Wesenselemente des Staats eingeschlossen: das Militär, die Regierung, der Hof, die Frauen und zuletzt der Sultan, der absolute Herr über alle Dinge, Spender von Wohl und Glückseligkeit.

Der Befehlshaber der kaiserlichen Wachen, der für die Kontrolle der Tore zum Sultanspalast zuständig ist. Neben ihm ein Untergebener. *Foggie diverse del vestire de' Turchi*, 15. Jh. Venedig, Biblioteca Nazionale Marciana.

Nach Art der Orientalen ist das Innere der Residenz in vier Höfe unterteilt, die unterschiedlichen Funktionen dienen und durch Mauern streng voneinander getrennt sind. Der erste Hof ist eine weite, ungepflasterte Esplanade, hier werden die Pferde der Besucher im Palast untergebracht. Fünfzig mit Arkebusen, Pfeilen und Krummsäbeln bewaffnete Wächter oder *kapıcı* kontrollieren den Eingang und auch das Benehmen der Besucher. Auf der rechten Seite des Hofs erstreckt sich eine lange Häuserzeile, der Sitz des Krankenhauses, das der Jurisdiktion des Obersten Weißen Eunuchen untersteht. Die Kranken liegen, getrennt nach ihren Krankheit, in verschiedenen Abteilungen. Ihnen stehen zwei Ärzte und zwei Chirurgen bei, oft kommt der Sultan persönlich zu Besuch. Das Krankenhaus ist immer überfüllt, denn viele gesunde Menschen lassen sich unter dem Vorwand irgendeines Gebrechens dort einliefern. Der Grund hierfür, so berichtet Tavernier 1682, liegt in der Tatsache begründet, daß man sich in der Krankenstube ohne größere Schwierigkeiten Wein besorgen kann. Eine Gesetzesbestimmung sieht nämlich vor, daß niemand bestraft wird, der mit dem verbotenen Getränk unbemerkt hineingelangt, er darf es dann sogar in Gegenwart des Monarchen trinken. So blüht dem Verbot des Korans zum Trotz um das Krankenhaus herum ein Handel, in den auch zahlreiche Diener des Serails verwickelt sind.

Der erste Hof des Topkapı, auf der rechten Seite das aus einer langen Häuserreihe bestehende Krankenhaus. Gegenüber die Mühle, die Brotbäckerei und die Kirche der hl. Irene. Im Hintergrund die Kuppeln der Münze und die Goldschmiedewerkstätten. Der Hof steht dem Volk offen, zahlreiche Janitscharen sorgen für Ordnung und kontrollieren das gute Benehmen der Besucher.
Ignaz Mellin, *Voyage pittoresque de Constantinople et du Bosphore*, Paris 1819. Parma, Biblioteca Palatina.

Rechte Seite:
Zum Osmanenhof gehört eine große Schar von Beamten und Dienern. Oben sind der Oberste Befehlshaber der Janitscharen *(ağa)* in Festkleidung und in normaler Kleidung, der Vorsteher und ein Page des *ağa* abgebildet.
Giulio Ferrario, *Il costume antico e moderno...*, Mailand 1828. Venedig, Biblioteca Nazionale Marciana.

Unten:
Ein Janitscharengefreiter und ein Page. Die jungen Männer wurden mit Gewalt in den christlichen Provinzen des Kaiserreichs rekrutiert, zum Islam konvertiert, verloren jeglichen Kontakt zu ihren Familien und ihrer Kultur und wurden schließlich die fanatischsten Verteidiger des Sultans.
Foggie diverse del vestire de' Turchi, 15. Jh. Venedig, Biblioteca Nazionale Marciana.

In einem geräumigen Ambiente auf der linken Seite des Hofs liegt das Arsenal der Türken. Die zahlreichen alten Waffen sind im christlichen Heiligtum des Himmlischen Friedens untergebracht, der alten byzantinischen Kirche der hl. Irene, die Konstantin oder Konstantinus Chlorus an einem Ort erbauen ließ, an dem im Altertum ein der Aphrodite geweihter Tempel gestanden hatte. In osmanischer Zeit wandelt man diesen nicht, wie sonst üblich, in eine Moschee um, sondern bezieht ihn in die Baulichkeiten des Palasts mit ein. Im Hof finden auch die *acemi oğlan*, die jungen Pagen christlicher Herkunft, Unterkunft, die mit Gewalt in den Provinzen des Kaiserreichs rekrutiert werden und im Sultans-Palast die niedrigsten Arbeiten zu verrichten haben.

In weiteren zwei Gebäuden, einer Mühle und einer Brotbäckerei, werden verschiedene Mehl- und Brotarten hergestellt, die dem Rang des jeweiligen Verbrauchers entsprechen. Auf der gegenüberliegenden Seite erheben sich die Kuppeln der Münze, die kurz vor 1695 vom dritten Hügel hierher verlegt wird. Zur Münze gehören die Goldschmiedewerkstätten, in denen prunkvolle Dekorationen für die Appartements des Kaiserpalasts hergestellt werden sowie die reichen Schmuckgarnituren der Frauen im Harem. In der entlegensten Ecke steht der die gesamte Residenz speisende Aquädukt.

Der erste Hof ist auch als ›Hof der Janitscharen‹ bekannt. Er erfüllt zahlreiche Funktionen und ist also auch Versammlungsort dieser gefürchteten Miliz, die Orhan I. zu Beginn des 14. Jahrhunderts gründet und die bald in den Rang der wahren Waffenmacht des Monarchen aufsteigt. Man rekrutiert die jungen Männer unter der christlichen Bevölkerung nach dem als *devşirme* bezeichneten Prinzip der Knabenlese, entreißt sie ihren Familien, ihrer Kultur, entwurzelt sie, härtet sie ab durch schwere Entbehrungen. Werden sie dann endlich Janitscharen, dann sind sie dem Sultan absolut treu. Diese Methode, von den Abendländern gefürchtet und scharf kritisiert, trägt entscheidend zur Schaffung der Militärmacht der Osmanen bei. Die Janitscharen versammelten sich unter einer großen Platane im Hof. Die Namen der Offiziere stehen mit der Kochkunst in Zusammenhang, ihr Symbol ist ein großer Kessel *(kazan)*, den sie umkippen, um eine Revolte anzukündigen.

Der zweite Hof ist von dem ersten durch ein erhabenes Mauerwerk getrennt. Das genaue Entstehungsdatum des *Orta Kapı*, oder ›Mitteltors‹, ist nicht gewiß, doch datiert es vermutlich aus der ersten Bauphase. In der zweiten Hälfte des 15. Jahhunderts wird es durch mittelalterlich anmutende Zinnen und Türme ergänzt. Man nennt das Tor auch *Bab-üs Selam*, das ›Tor der Begrüßung‹. Fünfzig Wächter kontrollieren den Eingang, absolutes Schweigen ist geboten – die höchste Form der Achtung im Orient. Auch die obersten Würdenträger müssen an dieser Stelle vom Rosse steigen und zu Fuß weitergehen, denn nur der Sultan darf sich hier zu Pferde bewegen.

Der zweite Hof, als ›Hof des Divans‹ bekannt, ist in sich geschlossen und sehr hübsch mit edlen Brunnen ausgeschmückt. Die Wege säumen hohe Zypressen und gepflegter Rasen, auf denen Gazellen frei grasen dürfen. Die Anmut nimmt dem Hof nichts von seiner geheimnisvollen Atmosphäre, die Schönheit seiner Bauwerke vermengt sich mit der Angst,

die die dort liegenden Gefängnisse einflößen. Hier sitzen jene unglücklichen Menschen ein, die beim Sultan in Ungnade gefallen sind. Auch das geräumige Zimmer auf der rechten Seite des Hofs kann diesen Eindruck nicht mildern. Es dient als Wartesaal für Botschafter aus fremden Ländern sowie für andere der Achtung würdige Gäste. Um die Besucher einzuschüchtern, läßt man sie oft Stunden, manchmal gar Tage dort warten.

Im Hof des Divans befinden sich auch das Viertel der Hellebardiere, der Regierungssitz, die Ämter und die Küchen. Auf der linken Seite liegt das *Meyyit Kapı*, das ›Tor des Todes‹, das jenen Bewohnern der Residenz vorbehalten ist, die den Palast für immer verlassen. Auf einen kleinen offenen Hof blicken die Moschee des Beşir Ağa, des Obersten Weißen Eunuchen, sowie die Unterkünfte der Hellebardiere. Diese haben Außendienste zu verrichten, Holz zu beschaffen und sind Leibwächter der Haremsbewohner. Dahinter liegt der Privatstall des Sultans, in dem seine zwanzig oder dreißig Lieblingspferde stehen. In den darüberliegenden Räumen ist das Pferdegeschirr aufbewahrt, Gegenstände von außerordentlichem Reichtum und Schönheit, wie feinst gearbeitete Sattel, Zügel, Brustriemen, mit großartigem Schmuck und solchem Können verziert, daß es den Besuchern aus dem Abendland den Atem verschlägt.

Eine stets verschlossene Tür, die schwarze Eunuchen durchgehend bewachen, führt in das verbotene Viertel der Frauen. Gleich daneben, geschützt von einem großen Portikus, liegt der Regierungssaal *(Kubbealtı)*, in dem sich der Rat der Minister versammelt. Es ist ein Raum mittlerer Größe, der mit Gold und Edelsteinen in Hülle und Fülle herrlichst dekoriert ist und dessen Wirkung, ganz nach »Barbarengeschmack«, in erster Linie auf den chromatischen sowie den Gesamteindruck zielt. In diesem Saal trifft die Regierung ihre wichtigsten Entscheidungen. Der Sultan kann den Sitzungen ungesehen beiwohnen; in diesem Fall sitzt er hinter einem Gitter oder einer Jalousie, die sich bezeichnenderweise über dem Kopf des Großwesirs befindet. Von unglaublicher Schönheit ist auch die Ornamentik des Divanturms, der sich neben diesem Saal befindet. Beide Gebäude werden 1574 bei einem Brand stark beschädigt. Die kurz danach durchgeführten Restaurierungsarbeiten können jedoch den die Epoche Süleymans des Prächtigen so bezeichnenden Glanz der ursprünglichen Anlage nicht wiederherstellen. Neben dem Divan befindet sich die Kanzlei *(Deftarhane)*, in der die kaiserlichen Akten vorbereitet werden, das Privatbüro des Großwesirs sowie der Schatz *(Hazine)*.

Der rechte Flügel des Hofs beherbergt eine Welt für sich: den gesamten Küchentrakt sowie die Unterkünfte des Dienstpersonals. Der Janitschar und große Architekt Sinan baut auch sie nach dem Brand von 1574 am gleichen Orte wieder auf, an dem die vom Eroberer errichteten Gebäude gestanden haben. Dazu gehören zwei Moscheen, Bäder, Lagerhäuser, Büro- und Versammlungsräume, die Räume der Köche, Zuckerbäcker und all der weiteren Küchenbediensteten, denn, wie viele Schriftsteller berichten, diese Gemeinschaft führt ein Leben, das sich von dem der anderen Bediensteten erheblich unterscheidet.

Zunächst gibt es dort zehn Küchen, von denen zu Ende des 17. Jahrhunderts noch sieben übrigbleiben. In der ersten wird ausschließlich für den Monarchen gekocht, in der zweiten für die Sultaninnen, das heißt

Linke Seite:
Der Regierungssaal im Topkapı, in dem sich der Ministerrat versammelt. Über dem Kopf des Großwesirs in der Mitte die Jalousie, hinter der der Sultan den Sitzungen beiwohnen kann, ohne gesehen zu werden.
Codice Cicogna, Memorie turchesche, 17. Jh.
Venedig, Bibliothek im Museo Correr.

Unten:
Ein kaiserlicher Reitersoldat und sein Bursche. Dank ihrer starken Armeen konnten die Türken eine riesiges Reich aufbauen.
Foggie diverse del vestire de' Turchi, 15. Jh.
Venedig, Biblioteca Nazionale Marciana.

Der Oberste Weiße Eunuch, der im Dienste des Sultans steht. Die Osmanen übernehmen von den Byzantinern den Brauch der Eunuchen bei Hof, doch da der Islam die Kastration verbietet, wird diese Aufgabe den jüdischen und den christlichen Händlern überlassen. Zunächst treten nur weiße Sklaven auf, doch ab dem 16. Jh. zieht man schwarze Sklaven vor, da sie die Verstümmelung eher überleben.
Raccolta di 120 stampe..., Venetiis 1783. Venedig, Biblioteca Nazionale Marciana.

Rechte Seite:
Oben: Der Thronsaal; hier werden ausländische Botschafter empfangen. Unten: Der zweite Hof des Topkapı mit dem Tor der Glückseligkeit, durch das man in den dritten Hof gelangt.
Giulio Ferrario, *Il costume antico e moderno...*, Mailand 1828. Venedig, Biblioteca Nazionale Marciana.

für die Mutter, die Frauen, die Schwestern und die Kinder des Monarchen, in der dritten für den Oberaufseher des Frauenviertels und die anderen schwarzen Eunuchen, in der vierten für den Großmeister des Serails und die Obristen, in der fünften für den Schatzminister und seine Obristen, in der sechsten für den Obersten Mundschenk und seine Untergebenen und so fort. Im Laufe der Zeit wird das Personal oftmals reduziert, in den goldenen Epochen des Reichs dienen in diesen Küchen mehr als eintausend Menschen, die täglich etwa fünftausend Gerichte zubereiten. Im Palast werden Tag für Tag Unmengen von Rindern, Lämmern, Ziegen, Schafen, Hühnern, Geflügel, Tauben, Reis und Butter verzehrt.

In den dritten Hof gelangt man durch das *Bab-i-Saadet*, durch das ›Tor der Glückseligkeit‹. Hier endet der der Öffentlichkeit zugängliche Teil des Palasts – abgesehen von einem kleinen, mit wertvollen Gold- und Marmorornamenten verzierten Pavillon, dem *Arz Odası*, in den die Botschafter zur Audienz geladen werden. Das byzantinische Zeremoniell sieht vor, daß die ausländischen Diplomaten beiderseitig von je einem Diener gestützt hineingeführt werden und das Kleid des auf einem höchst wertvollen Thron sitzenden Sultans küssen. Der Herr über die Türken versteckt seine Hände in den Ärmeln seines langen Kaftans, blickt stolz und streng, würdevoll und entrückt. Er spricht kein Wort, sollte er ein Zeichen der Zustimmung geben, so bedeutet dies großes Wohlwollen.

Am *Bab-i-Saadet* dienen keine Wachen, sondern zahlreiche Eunuchen, die ihrer Ehrfurcht und Unterwerfung Ausdruck geben. An den Seiten des vermutlich zu Beginn des 16. Jahrhunderts erbauten gewölbten Tors stehen zwei Marmorsäulen. Es wird auch als ›Tor der Weißen Eunuchen‹ bezeichnet. Wer auch immer hier eintritt, muß die Schwelle küssen. Diese Pforte ist Ausdruck einer mystischen Konzeption des Orients, das Osmanische Reich wird zuweilen auch als ›Hohe Pforte‹ bezeichnet.

Dieser Teil der Residenz ist also nur dem Sultan, seinen Frauen und seiner Dienerschaft vorbehalten. Rechts vom Eingang befinden sich die Unterkünfte der weißen Eunuchen, zur Linken liegt das Appartement des Obersten Eunuchen *(kapı ağası)*, der sehr bedeutende Ämter innehat und das Vertrauen des Herrschers genießt. Im dritten Hof befinden sich zahlreiche, in verschiedenen Epochen entstandene Pavillons, unter ihnen die bedeutendsten Bibliotheken des Serails, wie etwa die Bibliothek Ahmets III. mit Handschriften von unschätzbarem Wert (darunter die wertvollen Werke über die Geschichte des Byzantinischen Reiches) sowie die *Yeni Kütüphane*, die ›neue Bibliothek‹.

Den meisten Raum des Hofs nimmt die Palastschule mit Klassenzimmern, Gemeinschaftssälen, Schlafräumen, Bädern usw. ein. Wer sich unter den jungen Männern, die mit Gewalt nach den Regeln des *devşirme* rekrutiert worden sind, besonders hervortut, erhält in dieser Schule eine umfangreiche Bildung, Unterricht in Religion, Literatur, den großen islamischen Sprachen, wie Arabisch und Persisch, in Astronomie und Wissenschaft. Er wird zusammen mit den kaiserlichen Prinzen unterrichtet, mit denen er – bis zum Verfall des Kaiserreichs – Pflichten und Programme teilt. Diese Schüler, die als *içoğlan* bezeichnet werden, als ›Knaben für den internen Dienst‹, bilden eine im Palast verbleibende, exklusive Gruppe, alle werden hohe Ämter bekleiden und bedeutende Aufgaben im Land übernehmen.

In einem weiteren Gebäude wird der Staatsschatz gehütet. Daneben befindet sich die Vorratskammer *(Kiler Koğuşu)*, in der die verschiedensten Arten von Gewürzen und Kräutern lagern, wie etwa Theriak, Antidota gegen bestimmte Gifte, Säfte, das Horn des Einhorns, Rauten und vieles mehr. In einem besonderen Pavillon *(Hirkai Şerif Odası)* werden die »hochheiligen Güter« aufbewahrt, heilige Reliquien der islamischen Religion. Der Sultan, der »Schatten Gottes auf der Erde«, bekleidet seit Selim I. (1512–1520) auch das Amt des Kalifen und ist somit Oberhaupt der Sunnitengemeinde. Eine solche Investitur bringt ganz besondere Pflichten mit

sich; zugleich verfügen die Monarchen über das Privileg, in ihrem Palast die bedeutendsten Gegenstände des Propheten Mohammed aufbewahren zu dürfen: Zu den kostbaren Reliquien gehören das Stück eines Zahns, ein Haar aus seinem Bart, der Abdruck seines rechten Fußes, den der Prophet auf einer Marmorplatte hinterlassen hat sowie ein Mantel, den Sultan Selim 1517 nach der Eroberung Ägyptens aus Kairo mitbringt.

Im Laufe der Zeit nimmt der Serail immer mehr die Charakteristiken einer Privatresidenz an. Man errichtet luftige Bauwerke, die aus mehrfarbigem Marmor errichteten Kioske fügen sich harmonisch in die sie umgebenden Wasserlandschaften und exotischen Gärten ein. Den ›Pavillon von Erivan‹ *(Revan Köşk)*, der auch als das ›Turbanzimmer‹ *(Sarık Odası)* bekannt ist, läßt Murat IV. 1635 an einem Ort mit unvergleichlich schönem Blick auf das Marmarameer und den Bosporus erbauen, nachdem er von einer Militärkampagne aus der fernen Stadt Erivan zurückkommt. Man erzählt, der Sultan habe dort einen so wunderschönen Kiosk gesehen, daß er ihn in seinem kaiserlichen Garten nachbilden läßt. Der Bau konkurriert mit dem nahen, ebenfalls aus Anlaß eines militärischen Siegs erbauten ›Pavillon von Bagdad‹ *(Baghdad Köskü)*. Die beiden Bauwerke, in denen die Sultane lesen oder rauchen, Gäste empfangen oder sich vergnügen, trennt eine großartige, mit einem Schwimmbecken *(havuz)* ausgestattete Marmorterrasse *(Sultan İbrahim Kameriyesi)* inmitten eines großen Wasserparks, in dem der Sultan und seine Odalisken stundenlang baden und spielen.

Am Rand der Terrasse steht ein kleiner bronzener Baldachin mit Blick auf das Meer *(Iftariye)*. Während des Fastenmonats Ramadan verzehrt der Sultan İbrahim I. hier seine nächtlichen Mahlzeiten, und hier findet das Almosenritual anläßlich der prunkvollen Feierlichkeiten zur Beschneidung seiner Söhne statt. Gleich nebenan das *Sünnet Odası*, das Beschneidungszimmer, das den Prinzen des Sultans vorbehalten ist.

Auf dem terrassenförmig angelegten Gelände liegen zwischen den niedrigen Orangenbäumen ganz besonders schön der im Rokokostil eingerichtete *Sofaköşk*, oder ›Kiosk des Pascha Mustafa‹, und der *Hekimbaşı Odası*, ein Turm aus den Zeiten Mehmet des Eroberers, der eher einem Gefängnis gleicht, als einem Raum, der dem obersten Physiker vorbehalten ist. Etwas weiter eines der jüngsten Gebäude des Palasts, der Kiosk von Abdülmecit I., den ein französischer Architekt Mitte des 19. Jahrhunderts entwirft, Zeichen der Vorliebe für die französische Kultur unter den letzten Sultanen.

Die türkischen Wohnungen sind traditionsgemäß in zwei Einheiten unterteilt, den *selamlık*, eine Art öffentliches Appartement, in dem der Hausherr Besucher und Freunde empfängt, ein Vorzimmer, in dem sich das öffentliche Leben abspielt. Das Herz des Hauses dagegen ist der einzig den Frauen vorbehaltene *haremlik*, ein geheimnisvolles Refugium, in das kein Fremder eindringen darf und in dem sich das Leben voller Lebensfreuden und Intimität abspielt. Auch im ›Haus der Glückseligkeit‹ der osmanischen Sultane wird diese Trennung beibehalten: Das Gynäzeum ist durch eine labyrinthische Ansammlung von Vestibülen mit dem kaiserliche Gemach verbunden, zu dem auch der »Pavillon des Heiligen Mantels« und der »Pavillon der Beschneidung« gehören.

Die Privatwohnung der Sultane wird in verschiedenen Epochen erbaut, jeweils entsprechend den persönlichen Bedürfnissen der Herrscher, die nach dem Eroberer die Regierung antreten. Die Säle sind miteinander verbunden: das nach dem Brand von 1665 errichtete ›Vestibül mit der Feuerstätte‹ *(Ocaklı Sofa)* führt in das reich ornamentierte ›Vestibül mit dem Brunnen‹ *(Çesmeli Sofa)*. Von hier aus gelangt man in den mit blauen Fayencen dekorierten ›Kaisersaal‹ *(Hünkâr Sofası)*, der in einer erstaunlichen Mischung französischen und orientalischen Geschmacks mit Vasen aus China, Spiegeln aus Venedig, Möbelstücken in Empirestil eingerichtet ist. Hier hält sich der Sultan zusammen mit seinen Favoritinnen aus dem Harem gerne auf, um Musik und Gesang zu lauschen, Tanz oder Konversation zu genießen. Die Damen sitzen etwas verborgen hinter den Säulen in einem ein wenig erhöhten Teil des Raums, die Musiker, die von außerhalb des Serails kommen, sind auf der Empore untergebracht. Der Sultan dagegen sitzt rechts auf dem mit einem Baldachin versehenen Thron mit.

Überquert man den Korridor *(Hamam Yolu)*, so gelangt man linkerseits in die Baderäume *(Hünkâr Hamamı)*, rechts in das in außerordentlich exzentrischem Rokokostil dekorierte Schlafzimmer des Sultans Abdülhamit I. und das nüchternere, in türkischem Stil eingerichtete Schlafgemach Selims III. mit niedrigen Sofas und vielen Fenstern, die sich zum Park hin öffnen. Aus Selims Zimmer gelangen wir über einen Gang auf die Außenmauer des Palasts zum Kiosk Osmans III. *(Osman III Köşkü)*, der einen schönen Ausblick auf das Goldene Horn und den Bosporus bietet. Die unterschiedlichsten Stile haben den Bau dieses Pavillons beeinflußt, außen geschmückt mit kleinen Säulen in italienischem Stil, das Dach nach osmanischem Vorbild. Innen befinden sich drei Zimmer, reich dekoriert mit Keramiken und Fresken italienischer Veduten, die Möbel sind französischen Ursprungs.

Hinter dem Kaisersaal befindet sich das große Zimmer Murats III., verschalt mit eleganten, mit Blumenornamenten und Rahmen verzierten Paneelen. Ein Brunnen mit drei übereinander gelagerten Becken, in denen das Wasser ständig plätschert, erfreut mit seinem Gemurmel die Ohren des Sultans und sorgt dafür, daß man draußen nicht hören kann, was drinnen gesprochen wird. Von hier gelangen wir in die kleine, reizend eingerichtete Bibliothek Ahmets I. Daneben liegt der Speisesaal Ahmets III., der kleinste Raum des gesamten Serails, mit Holz ausgekleidet, darauf Obst- und

Linke Seite:
Koranschrein mit feinsten Intarsien
Istanbul, Topkapı.

Unten:
Aufgeklappter Koranhalter
Istanbul, Topkapı.

Folgende Doppelseite:
Die eklektische Pracht des Kaisersaals im Topkapı, chinesische Vasen, venezianische Spiegel und Möbel im Empirestil. Tritt ein neuer Sultan sein Amt an, so wird der gesamte Harem nach dem Geschmack des neuen Herren vollkommen neu ausgestattet.

Blumenmotive. In der Mitte des Raums steht auf einem großen, mit Intarsien geschmückten Tablett ein Kelch, in dem Obst und das zugehörige Besteck liegen.

Im kaiserlichen Serail, einem Ort des Vergnügens und der Wonne, gibt es auch ein Appartement namens *Kafes*, Käfig. Es befindet sich in einer Ecke des *selamlık*, die an Grausamkeit erinnert und die traurigen Verirrungen der ›Hohen Pforte‹ in den Jahren ihres langsamen Verfalls beschwört. Ein langer Korridor, der als ›Gang der Geister‹ bekannt ist, führt in einen schaurigen, von hohen Mauern umschlossenen Raum, dessen Fenster und Türen zugemauert sind. Hier leben die türkischen Prinzen, die den Thron nicht besteigen werden. Im Osmanischen Reich gilt über einige Jahrhunderte hinweg das Gesetz des Brudermords, das dem Herrscher das Recht zugesteht, seine Brüder beiseite zuschaffen. Der Mord soll jedoch ohne Blutvergießen stattfinden, durch Erdrosseln oder Ersticken also, um so die fürchterlichen Folgen zu vermeiden, die solche Grausamkeiten nach sich ziehen. Dieses Todesurteil wird, da man es für zu brutal erklärt, schließlich in ein lebenslanges Gefängnisdasein umgewandelt, das die Unglücklichen im *Kafes*-Gemach fristen. In jener fernen Ecke des ›Hauses der Glückseligkeit‹ leben also viele Prinzen vollkommen abgeschieden, erfahren keinerlei Schulung, sind umgeben von Stummen und zwangsweise sterilisierten Frauen. Ihr Leben besteht aus Angst, oft verfallen sie dem Wahnsinn, seltener finden sie Trost im Glauben an den einzigen wahren Gott, der allein Frieden und Freiheit schenken kann.

Der Sultanspalast ist der Spiegel eines riesigen, vielgestaltigen Reichs, der bevorzugte Schauplatz der osmanischen Monarchen, die in einer Mischung aus Terror und Diplomatie, staatlicher Effizienz und militärischer Macht das Christentum in Schach halten. Mitte des 19. Jahrhunderts verlassen die Ritter aus dem Altai das Topkapı, ziehen in eine neue Residenz am Bosporus, den nach dem Vorbild Versailles erbauten Dolmabahçe-Palast. Doch zeitgleich mit diesem Umzug endet ihr langer Vormarsch. Nicht länger scheint der Himmel seine Gunst über den »Herrscher aller Herrscher« auszustreuen, »den Verteiler der Kronen an die Monarchen der Welt, über den Schatten Gottes auf Erden«.

Linke Seite:
Die Tänzerinnen tragen eng anliegende Kleidung, so daß man »all die geheimen Teile« ihres Körpers erkennen kann, ihre Bewegungen sind so zügellos, daß »selbst Marmor dahinschmilzt«, so schreibt ein venezianischer Diplomat, der das Glück hatte, einer solchen Vorführung beizuwohnen.
Vincenzo Marinelli, *Der Tanz der Biene im Harem*, 1862. Neapel, Museo di Capodimonte.

Unten:
Obstbilder im Speisesaal Ahmets. III.

Rechte Seite:
Ein Ausschnitt aus der eleganten Fayencen-verkleidung im Schlafzimmer Murats. III.
Istanbul, Topkapı.

Unten:
Der Brunnen mit drei Becken im Schlafzimmer Murats III. Er sollte den Sultan durch sein Plätschern ergötzen und gleichzeitig verhindern, daß man drinnen Gesprochenes draußen erlauschen kann.
Istanbul, Topkapı.

إن الله يأمركم أن تؤدوا الأمانات إلى أهلها
وإذا حكمتم بين

Der Harem, die verbotene Stadt

Wenn es einen gemeinsamen Leitfaden gibt, der alle jene Europäer verbindet, die in den Orient reisen, so ist es die Sehnsucht nach exotischer Wollust, die sie alle dort anzutreffen erwarten. Die anderen sexuellen Gepflogenheiten, die Vorstellung, daß man vier Frauen hat und dazu unzählige Sklavinnen, um all seine Bedürfnisse zu befriedigen, das schon reicht, die Phantasie zu beflügeln. Man stellt sich die Türkinnen vor, wie sie gelassen auf einem Divan liegen, umgeben von überbordendem asiatischem Luxus, oder wie sie sich umhüllt von einem Wirbel sie vollkommen verbergender Schleier auf die Straße wagen. Man hält sie für unglaublich luxuriös und ebenso unehrlich. Dieses gesichtslose, geheimnisvolle und flüchtige Universum fasziniert die Europäer, das feine Spiel des Sich-Versteckens ohne sich zu verweigern, das ihnen die Freiheit gewährt, sich eine Art Wunschfrau vorzustellen, sie sich nach dem eigenen Geschmack und den eigenen Vorlieben zu modellieren.

Der exotischste aller Orte im ganzen Reich ist zweifellos der Serail des Sultans. Ein Harem gehört gewiß zu den Vorrechten aller Herren der höheren Schicht, doch der des höchsten Monarchen ist von unvergleichlicher Dimension und Qualität. Vor der Eroberung Konstantinopels befindet sich das Gynäzeum der Sultane in Edirne, in der schönen Stadt in Thrakien, die der römische Kaiser Hadrian 125 v. Chr. gegründet hatte. Dort liegt auf einer kleinen Insel im Fluß Maritza, umgeben von herrlichen Gärten, Obstbäumen und schattigen Winkeln, der Palast Mehmets II.

Tabak und Opium vermitteln den Frauen die Illusion der Freiheit. Sie verbringen lange Nächte mit Erinnerungen an die Vergangenheit, versuchen, die Sorgen und Ängste ihrer stets unsicheren Gegenwart von sich fernzuhalten.
Costumi orientali, 17. Jh. Bologna, Biblioteca Comunale dell'Archiginnasio.

Mehmet zieht jedoch nach Istanbul und nimmt den Hof und die Frauen mit, die nun in einem Flügel des *Eski Saray* einquartiert werden. Zehn Jahre später weiht der Eroberer das Topkapı, die neue offizielle Residenz ein, doch die Frauen bleiben im alten Serail. Mit dieser Trennung will der Sultan die Grenze zwischen öffentlichem und privatem Leben verdeutlichen. Der von hohen Mauern umgebene Palast in der Nähe des Theodosiusforums besteht aus einer großen Anzahl von Gebäuden, in denen eine stattliche Zahl von Menschen unterkommen kann. Er ist mit allem Komfort ausgestattet, Brunnen, Zisternen, Zimmern, Bädern, prächtigen Gärten. Die Damen können hier mithin ein angenehmes Leben führen. Ferner gibt es ein *mâbeyin*, ein Privatgemach, in das der Sultan sich bisweilen begibt, wenn er eine seiner Favoritinnen begehrt. Diese Gegebenheiten bestätigen viele der Reisenden der damaligen Zeit; alle berichten, daß der Türke nicht mit seinen Frauen zusammenlebt, obwohl ihm eine ganze Menge Frauen jeglichen Alters und jeglicher Schicht zur Verfügung stehen: Sklavinnen und Prinzessinnen, Christinnen und Europäerinnen, Glaubensabtrünnige und islamische Frauen.

Unter der Herrschaft Süleymans I. (1520–1566) im 16. Jahrhundert – die Europäer nennen ihn den ›Prächtigen‹, die Türken den ›Gesetzgeber‹ – erreicht die politische und militärische Macht des Osmanischen Reichs ihren Höhepunkt, die Gesetze werden novelliert, die Traditionen, das öffentliche Leben erneuert. Süleyman ist ein Mann, der sich nichts vorschreiben läßt, streng und resolut. Dementsprechend will er die Politik der Trennung zwischen öffentlichem und privatem Leben, die Mehmet II. eingeführt hat, wieder zurücknehmen. So machtvoll er in der Regierung auftritt, so verletzlich ist er in seinen Gefühlen. Zunächst schließt er Freundschaft mit einem Sklaven christlichen Ursprungs, İbrahim, der in seiner Gunst zum mächtigen Großwesir aufsteigt. Danach knüpft er Liebesbande zu einer jungen, nicht gerade schönen, doch anmutigen Russin, Hürrem oder Roxelane. Seine allzu große Liebe zu ihr – so schreibt der Zeitgenosse Luigi Bassano – verwundert seine Untertanen. Das Band zwischen den beiden ist so fest, daß viele in Konstantinopel glauben, Roxelane sei eine Hexe, die den Sultan mit ihren Künsten verzaubert habe.

Die Lebensgewohnheiten ändern sich auch bei Hofe, und um 1541 gibt Süleyman den Damen die Erlaubnis zum Umzug ins Topkapı. Die Entscheidung wird nicht zuletzt dadurch beschleunigt, daß im *Eski Saray*, im alten Serail, ein heftiger Brand ausbricht. Seitdem finden dort nur noch die alten Frauen und die der verstorbenen Sultane Unterkunft. Zunächst begleiten Roxelane nur etwa einhundert Damen und Dienerinnen, doch nach und nach ziehen auch die restlichen Mitglieder des Hofs, etwa dreihundert Frauen, in den neuen Serail um. In der zweiten Hälfte des Jahrhunderts, unter der Herrschaft Selims II. und der venezianischen Sultanin Cecilia Baffo-Venier, ist dieser Umzug endgültig abgeschlossen. Bis zur Mitte des 19. Jahrhunderts bleibt der kaiserliche Harem nun hier, und der Topkapı wird wegen seines märchenhaften Luxus, der Geheimnisse, der Grausamkeiten und der Widersprüchlichkeiten zum mythischen Ort des Vergnügens und der Ausschweifung, von dem viele träumen, den einige beschreiben und den niemand wirklich kennt.

Seit dem Umzug unter Süleyman ist das Viertel der Frauen in einer steten Evolution begriffen. Mehr noch als die anderen Teile des Palasts verändern sich diese Gemächer jedesmal, wenn ein neuer Herrscher den Thron besteigt. Die Frauen des verstorbenen Sultans müssen das Feld räumen, siedeln traurigst in den Palast der Tränen über, und sofort werden die Säle mit neuen Ornamenten geschmückt, mit neuen Möbeln eingerichtet. Sofas aus Kaschmir, persische Teppiche, mit Perlmutt verzierte Tische, Brunnen aus Marmaramarmor, chinesische Vasen und venezianische Spiegel, in Paris und Wien gefertigte Sessel schaffen eine intime und geheimnisvolle Atmosphäre. Jedesmal ist sie anders, jedesmal soll sie den Launen des neuen Herren entsprechen.

Zu den Veränderungen, die sich aus diesen natürlichen Machtwechseln ergeben, gesellen sich die Brände, die mehrmals großen Schaden im Palast anrichten. In einer fast ausschließlich aus Holz gebauten Stadt, in der Feuer in regelmäßigen Abständen ganze Stadtviertel verschlingt, begegnet man solchen Katastrophen mit fatalistischer Gelassenheit, als sei es etwas ganz natürliches. Zwar wird die Monumentalarchitektur seltener von Bränden heimgesucht, doch ein besonders schlimmer verheert die kaiserliche Residenz im Frühling des Jahres 1574. Das Feuer bricht in den Küchen aus, wird vom dort vorhandenen Fett gespeist, verbreitet sich rasch und dringt schließlich auch in den Harem ein. Der Architekt Sinan restauriert das ganze Areal mit großer Geschwindigkeit nach den Originalvorgaben. 1665 wird ein Brand gelegt, der direkt auf das Frauenviertel abzielt. Diesmal ist der Schaden noch größer, ganze Gebäude brechen zusammen, und alle Holzkonstruktionen werden vom Feuer verschlungen.

Eine Mauer, die nur durch zwei Tore unterbrochen wird, trennt den öffentlichen Teil des Topkapı von der verbotenen Stadt. Ein Tor führt in den zweiten Hof, man nennt es *Araba Kapısı*, das ›Tor der Kutschen‹. Hier müssen die verschlossenen Equipagen warten, wenn die Frauen einen ihrer seltenen Ausflüge machen dürfen, oder wenn sie nach Adrianopel fahren, einem bei den Sultanen besonders beliebten Ausflugsziel im Sommer. Gleich hinter dem Eingang öffnet sich ein kahles, strenges, recht dunkles Vorzimmer *(Dolaplı Kubbe)*, hier stehen Tag und Nacht zwei schwarze Eunuchen Wache. Diese gehören zu jenem großen Heer der Kastrierten, deren Aufgabe es ist, die Frauen zu überwachen. »Geschlechtslose Monster« nennt sie der französische Schriftsteller Théophile Gautier, denn sie tragen zwar feine Namen, doch sehen sie oft schrecklich aus; die meisten von ihnen stammen aus den afrikanischen Provinzen. Das Vorzimmer führt in ein mit Keramiken aus Kütahya aus dem 17. Jahrhundert dekoriertes Vestibül. Auf der linken Seite erreicht man über ein kleines Zimmer mit Treppe die berühmte Jalousie, hinter der die Sultane und später auch die Frauen, die die Macht ergreifen und die Führung des Reichs übernehmen, ungesehen den Sitzungen des Ministerrats beiwohnen können. Zuletzt ist noch das *Perde Kapısı*, das ›Tor des Schals‹, zu nennen, durch das die Leichen zur Bestattung getragen werden.

Im inneren Hof sind die Unterkünfte der schwarzen Eunuchen *(Haremağalar Dairesı)* strategisch verteilt, drei Stockwerke voller enger, erdrückender Zimmer und eine kleine Moschee. Daneben die Prinzenschule, die die Söhne des Sultans bis zum elften Lebensjahr besuchen. Schließlich das Appartement mit Schlafzimmer, Amtsraum und Toilette *(Kızlarağası Dairesi)* des Obersten Eunuchen, einer Person von einiger Bedeutung im kaiserlichen Harem, verlängerte Hand der Sultanin Mutter. Auf der Gegenseite des Hofs liegen die Unterkünfte der Obersten Schatzmeisterin *(Hazinedar Dairesı)* und der Zeremonienmeisterin *(Musahiban Dairesı)*, zwei bedeutende und privilegierte Persönlichkeiten im Palast. Am Ende des Hofs ist in einem als *Nöbetyeri* bezeichneten Raum eine weitere Wachmannschaft schwarzer Eunuchen untergebracht. Er befindet sich direkt hinter dem zweiten Eingang zum Harem, dem *Kuşhane Kapısı*, oder ›Vogelhaustor‹, durch das man in den dritten Hof gelangt. Die beiden Wachmannschaften sind so aufgestellt, daß sie eine strenge Kontrolle gewährleisten, sie bilden eine Grenze, eine Sperre zwischen der externen und der internen Welt. Jenseits dieser Grenze beginnt das Frauenviertel.

Süleyman, der Prächtige – »Der Schatten Gottes auf Erden«

Seine Durchlaucht, der »Herr, den man Süleyman nennt, ist hochgewachsen, mager, hat eine Adlernase und einen langen Hals, ist von erdener Farbe, gesund und von starker Hand«. Der Prächtige, den die Zeitgenossen als gutmütig und melancholisch beschreiben, ist Sohn Selims I. und Hafsa Hatuns. Er wird am 6. November 1494 in Trebisonda an den Ufern des Schwarzen Meers geboren, verbringt seine Jugend in der letzten Hochburg der Komnenen, einem byzantinischen Kaisergeschlecht, mit leidenschaftlichem Forschen und Lernen und mit körperlicher Ertüchtigung. Er lernt Arabisch, Persisch, Arithmetik, Musik, erwirbt eine perfekte Kenntnis des Korans und erlernt die Goldschmiedekunst.

Süleyman leitet seine Herrschaft mit der Einführung liberaler Maßnahmen ein und schafft einige vom Vater erlassene, willkürliche Gesetze ab. Er eröffnet den Handel mit dem Osten wieder, leistet Kaufleuten, denen man die Waren beschlagnahmt hat, Schadenersatz, erhöht die Thronbesteigungsgabe nicht, die man in der Regel den Janitscharen zukommen läßt. Diese Initiativen machen sofort klar, daß der Staat von nun an mit Kraft und Gerechtigkeit, mit Strenge, jedoch ohne Willkür gelenkt werden wird.

Um den unterschiedlichen Bedürfnissen in einem so großen Herrschaftsbereich stattzugeben, gibt der Sultan den Anstoß zu entscheidenden Änderungen in der Gesetzgebung, indem er jahrhundertealte Gesetze zur Ergänzung des moslemischen Rechts übernimmt. Im militärischen Bereich erweist sich der Prächtige als ein Mann der Tat. Kriegerisch ist er, doch kein Kriegshetzer. Er veranstaltet zahlreiche »erlauchte Feldzüge«, erobert an der Spitze des Heeres Rhodos, den Irak, Belgrad, Transilvanien und Ungarn. Das einzige Unternehmen, das ihm nicht gelingt, ist die Eroberung Wiens, das er im Jahre 1529 erfolglos belagert.
Er stirbt am 10. September 1566 fern von seinem geliebten Istanbul in der ungarischen Pußta bei dem Versuch, Szigetvár zu erobern. Süleyman fasziniert nicht nur seine Zeitgenossen, auch die westlichen Beobachter erkennen seine politischen und menschlichen Fähigkeiten an. Der große Mäzen und Kunstliebhaber führt den Halbmond zur größten militärischen Expansion und zu höchstem Glanz.

Der kaiserliche Harem ist eine von strengsten Gesetzen geregelte Institution, denen zufolge jedem nach Rang und Alter eine präzise Stellung zugewiesen ist. Gewiß spielen auch hier – wie in der restlichen Welt der Osmanen – Glück, Intelligenz, individuelle Fähigkeiten und nicht zuletzt Schönheit eine Rolle, doch sind die Nichtachtung der Hierarchien, ein freches oder kühnes Auftreten, das Begehen irgendeiner Dummheit Fehler, die teuer zu stehen kommen.

Liebe im Orient.
Venedig, Caffè Florian

Den Serail regiert des Sultans Mutter. Sie heißt *valide sultan*, und ihr steht ein ihren bedeutenden Funktionen angemessenes Appartement zur Verfügung. Nach ihr kommen die Damen *(kadın)*, die dem Sultan Kinder geboren haben, und die Favoritinnen *(ikbal)*. Die Frauen, die sich als des Gebärens unfähig erweisen oder die zu häßlich sind und somit auf die Liebe (zumindest die der Männer) verzichten müssen, können immerhin auf eine Karriere als Dienerinnen mit speziellen und zum Teil bedeutenden Aufgaben hoffen. Als letzte in der Rangordnung kommen die Novizinnen, Mädchen, die auf den zahlreichen Märkten des Reichs als Sklavinnen gekauft oder, zumeist von Briganten und Korsaren, entführt werden und auf die abenteuerlichste Weise im Gynäzeum des Sultans landen. Die Karriere der Primadonna des Kaiserreichs beginnt auf dieser niederen Stufe, dort macht man keinen Unterschied zwischen reich und arm, ethnischer Herkunft, Kultur oder Religion.

Die Novizinnen *(cariye)* leben in einem zum Hof hin geöffneten Appartement *(Cariyeler Dairesı)* in der Nähe der Wachmannschaften *(Nöbetyerı)*. Das Gebäude ist geräumig, so daß es einer recht großen Anzahl von Personen Platz bieten kann. Im Erdgeschoß befinden sich eine kleine Küche *(Cariyeler Mutfaklar)*, Baderäume in weißem Marmor *(Cariyeler Hamamı)*, Toiletten und ein weiterer Raum, der als Waschküche *(Harem Çamaşırlık)* dient. Im ersten Stock die Schlafzimmer, langgestreckte Säle, in denen bis zu hundert Mädchen untergebracht werden können. Die jungen Mädchen stehen auch nachts unter strengster Bewachung, eine alte Wächterin kontrolliert jeweils zehn Mädchen. Die Sofas sind alle an den Wänden aufgereiht, in der Mitte bleibt ein breiter Gang frei. Diese riesigen Zimmer sind so eingerichtet, daß man sie leicht überblicken kann. Nachts werden sie von zahlreichen Laternen erleuchtet, »um das Böse fernzuhalten«, berichtet Ottaviano Bon, »und für den Fall, daß es erforderlich sein sollte«.

Auf der gegenüberliegenden Seite des Hofs befinden sich die Unterkünfte des Kindermädchens des Prinzen, der Leiterin der Novizinnen und der Leiterin der Waschküche. Das beste Zimmer steht der Amme zu. Es ist mit feinen Fayencen verkleidet, ein großes Möbelstück unterteilt es, dazu verfügt es über Wandschränke und einen luftigen Balkon, auf dem sich die Amme an schönen Tagen oder in den warmen Stunden mit den Kindern aufzuhalten pflegt. Von hier hat

Hürrem – eine eiserne Hand in samtenem Handschuh

Über Hürrem, die Gattin des Sultans Süleyman des Prächtigen, gibt es unterschiedliche Urteile.

Ihre Herkunft bleibt im dunkeln. Die Lebensgeschichte des jungen Mädchens gleicht derer vieler anderer Frauen im Osmanischen Reich: Zwischen 1500 und 1506 in Ruthenien geboren, nennt sie sich vermutlich Alexandra Lisowska. Als die Tartaren ins Dorf einfallen, entreißen sie das Kind der Familie. Sie wird in den Palast des Statthalters auf der Krim geführt, erhält eine kultivierte Ausbildung und gelangt schließlich in die osmanische Hauptstadt. Man weiß nicht, ob sie ihre Karriere in der Entourage der Sultanin Hafsa beginnt oder ob sie Sklavin im Gynäzeum des İbrahim Pascha war, einer von beiden schenkt sie auf jeden Fall Süleyman.

Für die junge Russin sind die ersten Jahre im Harem harte Lehrjahre. In der Rangliste ist sie Vierte, sie muß sich also dem Willen der Sultaninmutter und der anderen Frauen beugen, insbesondere ist sie der hochmütigen Albanerin Gülbahar Achtung schuldig, die dem Sultan den Prinzen und vermeintlichen Thronfolger Mustafa (1515) geboren hat. Trotz der zu fürchtenden Konkurrentinnen setzt sich die junge Frau durch, denn sie ist von so heiterem Temperament, daß der Sultan sie Hürrem, die Fröhliche, nennt. Die Europäer dagegen nennen sie aufgrund ihrer russischen Herkunft Roxelane (Roxane, Rosselana).

Der venezianische Bailo Bernardo Navagero erzählt, der Erfolg der Roxelane sei einer recht sonderbaren Begebenheit zu verdanken. Gülbahar, Kandidatin für die Rolle der *valide*, habe von dem besonderen Band zwischen ihr und dem Sultan erfahren, sie mit schlimmen Worten beschimpft und sogar geschlagen. Einige Tage danach habe der Sultan die Russin zu sich gerufen, doch die junge Frau habe sich geweigert, da sie den Sultan durch ihr Aussehen nicht erschrecken wolle. Der Prächtige sei stutzig geworden, habe sie nochmals rufen lassen, und die junge Frau habe nun den Vorfall erzählt. Daraufhin habe der Sultan ob der Hoffart Gülbahars zornig geworden und habe sie fortführen lassen.

Da nun die mächtige Rivalin aus dem Herzen Süleymans verstoßen ist, ebnet sich die Lebensbahn von Roxelane. Der Sultan wirft eine seit den Zeiten Mehmets II. verwurzelte Gewohnheit um, denn um 1530 heiratet er Hürrem offiziell und hat keinen Kontakt mehr zu den anderen Favoritinnen. Entschlossen und brutal in der Ausübung der Macht weiß Roxelane dennoch ihren Namen in Istanbul in einem äußerst stilvollen Bad gegenüber der Hagia Sophia zu verewigen. Sie stirbt 1558 und wird auf dem dritten Hügel in Konstantinopel in einem kleinen, von Rosen umgebenen Mausoleum in der schönen Süleymanmoschee beigesetzt.

Szenen aus dem Leben im Harem, die der bei Prinzessin Hatice besonders beliebte englische Architekt Ignaz Mellin auf phantasievolle Weise darstellte.

Ignaz Mellin, *Voyage pittoresque de Constantinople et du Bosphore*, Paris 1819. Parma, Biblioteca Palatina.

man einen phantastischen Ausblick auf die Gartenanlagen und in der Ferne auf den Bosporus und das Marmarameer. Neben dem Zimmer führt eine Treppe direkt in die Parkanlagen.

Noch etwas weiter liegt das Krankenhaus des Harems *(Cariyeler Hastanesi)*. Der Weg ins Spital führt über eine lange steinerne Treppe mit kleinen Absätzen, von denen aus man in die auf beiden Seiten angeordneten Zimmer gelangt. Der gesamte Bau umschließt einen Hof, der von einem an jeder Seite von acht Stützen gebildeten Laubengang umgeben wird. Die Atmosphäre des an Bäumen reichen, im Sommer kühlen Hofs ist romantisch und faszinierend, obwohl es sich um eine Krankenstation handelt. Die Zimmer unterschiedlichster Größe befinden sich heute in einem schlimmen Zustand. Dem Gebäudekomplex mangelt es nicht an Bequemlichkeiten: Dazu gehören ein großes Bad mit einem wunderschönen Marmorbrunnen, die über zwei Stöcke verteilten Unterkünfte des Küchenpersonals, die Küche selbst, ein sehr hoher Raum im Erdgeschoß, in dem etwa 50 Menschen verpflegt werden können. Dahinter liegen die Toiletten und auf der gleichen Seite des Hofs weitere Räumlichkeiten, vermutlich keine Krankenzimmer, sondern Aufenthaltsräume. Wozu diese Räume tatsächlich dienten, ist ungewiß, denn das Krankenhaus ist größer als das Appartement der Novizinnen, zu dem es gehört, und das wirft natürlich Zweifel auf. Einen so weitläufigen, stark gegliederten Gebäudekomplex stellt man sich als lebhaft bevölkert vor, in dem ständig große Bewegung stattfindet, und nicht als einen Ort, an dem eine ständig variierende Zahl von Kranken gepflegt wird.

Bisher erscheint uns das ›Haus der Glückseligkeit‹ als ein Kloster voller Klausurnonnen, »grober und entstellter« Eunuchen und eingeschlossener Jungfrauen. Doch fehlt natürlich nicht der intimste und geheimste Teil, in dem das Leben sich nach den Rhythmen der Sinnesfreuden abspielt. Er ist den Frauen vorbehalten, die der Sultan liebt. Der *mâbeyin*, das Appartement des Herrschers, ist durch einen langen, mit auserlesenen Keramiken stilvoll ausgeschmückten Gang, der als *Altınyol*, der ›Goldenen Weg‹ bezeichnet wird, direkt angeschlossen.

Die Vertraulichkeit mit dem »absolutesten Monarchen der Erde« wird nicht zuletzt an der räumlichen Nähe zu ihm gemessen, und die »von der Liebe, dem Glück und der Achtung geküßten Frauen« des Kaisers sind die Mutter, die Gemahlinnen und die Lieblingsfrauen. Letztere

Mit Edelsteinen besetzte Krüge. Die Sultane ließen auch alltägliche Gegenstände mit Diamanten, Rubinen und Smaragden verzieren, die in solcher Fülle angebracht wurden, daß Form und Struktur des Originalmaterials darunter verschwanden. Auch achtete man vor allem auf die farbliche Wirkung und weniger auf die Präzision der Ausführung.
Istanbul, Topkapı.

– wir beginnen auf der unteren Stufe – wohnen vermutlich in einem Teil des dreistöckigen Gebäudes neben der Wachmannschaft. Die Frauen, mit denen der Sultan Umgang pflegt, leben nicht mit den Novizinnen zusammen.
In der Mitte wohnt die Sultaninmutter, die »Perle des Kalifats«, die im gesamten Kaiserreich geliebt und geachtet ist. Das Gemach der *valide* besteht aus vier aufs feinste dekorierten und elegant eingerichteten Räumlichkeiten mit Blick auf einen quadratischen Hof: Ein kleiner Wartesaal oder *Sofa* liegt auf der rechten Seite. Über einen Korridor gelangt man in weitere zwei Räume, den mit glänzenden Kacheln geschmückten Speisesaal *(Yemek Odası)*, in dem sich ein schöner Marmorbrunnen sowie große Schränke befinden, deren Türflügel in feinster Intarsia aus Perlmutt gearbeitet sind, und das nicht minder elegante Schlafzimmer mit einem niedrigen Sofa, das nach türkischer Manier tagsüber als Sitzgelegenheit dient und nachts als Schlafstätte. An den in einem zarten Türkis gekachelten Wänden sind Gefäße dargestellt, aus denen sich blühende Bäume entfalten.

Die Farbe des Meeres lächelt uns von den Wänden des Appartements und von der Terrasse der Sultanin entgegen, von der aus sie unter einem vergoldeten Baldachin ein bezauberndes Panorama über den Bosporus genießen kann. Das Appartement liegt an strategisch bedeutender Stelle, denn von hier aus kann man das Leben des ganzen Serails überwachen. Dies ist die Aufgabe der *valide*, sie hat im Harem Kompetenzen, die denen des Sultans im Topkapı entsprechen. Sie führt die Geschäfte mit einer wahren kleinen Regierung aus Ministern, Amtspersonen und Offiziersdienern, die, abgesehen von den Eunuchen, ausschließlich weiblichen Geschlechts sind. Durch das Schatzzimmer des Harems gelangt der Sultan von seinem Appartement in das der vier wichtigsten Frauen. Die Wohnung der ersten Frau des Kaiserreichs, der *başkadın*, ist ihrem Rang würdig. Dieser Titel steht nur derjenigen zu, die dem Sultan den ersten Sohn gebiert, den zukünftigen Nachfolger auf dem Osmanenthron. Die Königin besitzt nobel und erlesen eingerichtete Räume, einen eigenen Hof und eine so reichliche Apanage, daß sie mit vollen Händen verschenken und ausgeben kann. Alle Mitglieder des Serails erkennen sie als die Primadonna an und haben ihr die entsprechende Achtung und Ehrerbietung zu zollen.
Neben diesem Appartement liegen die Wohnungen der anderen Gattinnen. Auch ihnen stehen besondere Privilegien zu. Sie verfügen über eine Dienerschaft und einen Hofstaat, bezaubernde Kleider und Schmuck. Ihre Finanzmittel sind ebenso wie ihr Hof entsprechend ihrer Rangordnung als zweite, dritte oder vierte Gattin des Sultans gestaffelt.
Im ›Haus der Glückseligkeit‹ leben auch die Erben des Sultans. Sie werden von gesunden und erfahrenen Kindermädchen behütet. Alle Kinder einer Mutter werden gemeinsam großgezogen, doch nicht zusammen mit den Kindern anderer Mütter, denn unter den Thronerben herrscht große Eifersucht. Sind die Jungen fünf Jahre alt, so wird ihnen ein Hauslehrer *(hoca)* zugewiesen, der jeden Tag in den Harem kommt und sie in die Grundprinzipien der Kultur einweist. Der Lehrer wird von

Die Ammen, welche die kaiserlichen Prinzessinnen stillen, kommen aus gesunden Landarbeiterfamilien. Wenn sie ihren Dienst beendet haben, werden sie großzügig entlohnt. *Costumi orientali*, 17. Jh. Bologna, Biblioteca Comunale dell'Archiginnasio.

den schwarzen Eunuchen strengstens bewacht und niemals eine Frau zu Gesicht bekommen. Nach der Beschneidung, im Alter von zehn oder elf Jahren, werden die Prinzen von ihren Müttern getrennt. Ihr Hauslehrer begleitet sie auf dem Weg in ein Leben außerhalb des Serails. Die Ausbildung dieser jungen Männer erfolgt von nun an fern der Hauptstadt. Später erhalten sie offizielle Ämter in den Provinzen des Kaiserreichs, wohin ihnen die Mutter und ein Hofstaat folgen.

Den Töchtern des Sultans ist ein anderes Schicksal beschieden. Unter ihnen herrscht weder Rivalität noch Eifersucht, man liebt sie bedingungslos, denn auf sie fallen weder Mißtrauen noch Argwohn. In der Geschichte der Osmanen gibt es zahllose Auseinandersetzungen zwischen dem Sultan und seinen Söhnen, Streitereien, die nicht selten mit der Ermordung der Kinder enden, sofern auch nur der leiseste Verdacht einer Rebellion oder eines Verrats aufkommt. Im Gegensatz hierzu ist das Gefühl, das der Sultan für seine Töchter hegt, meist von aufrichtiger, großer Liebe gezeichnet und nicht vergiftet von Berechnungen. Viele der Prinzessinnen erfreuen sich großer Macht, erstaunlicher Bewegungsfreiheit und erheblichen Reichtums.

Auch die Schwestern und Tanten des Sultans gehören zur engen Gruppe der Privilegierten. Eine Sklavenschar bedient sie, sie verfügen über prachtvolle Kleider und leben auf diese Weise bis zu ihrer Hochzeit im Serail. Nach osmanischer Tradition sollte eine Prinzessin einen der höchsten Würdenträger des Reichs heiraten. In diesem Fall hat der Sultan die Pflicht, sie mit einem so umfangreichen Vermögen auszustatten, daß sie sich auch außerhalb des Palasts einen ihrem hochwohlgeborenen Rang angemessenen Lebensstil leisten kann.

Seinem Namen gemäß ist der kaiserliche Harem ein unantastbarer, »geschlossener und exklusiver« Ort: Das Gemach der Frauen – und das gilt gleichermaßen für die bescheidenste Behausung der osmanischen Bevölkerung – ist ein Asyl, das kein profaner Blick verletzen darf. Lady Montagu erzählt erstaunt, daß selbst der Herr des Hauses gewisse Rücksichten nehmen muß, bevor er den Harem betritt. Sollte er gar vor der Tür einen ihm unbekannten Schuh erblicken, so gebietet es ihm der Anstand, daß er sich unverzüglich zurückzieht. Die Achtung vor einem beinahe als heilig anzusehenden Ort wird unter den Türken fast überall gewahrt, und selbst die schlimmsten Gröblinge hüten sich, ihn zu verletzen.

Am Osmanenhof werden die Erzeugnisse der westlichen Technologie zu Sammlerobjekten, wie etwa Uhren oder Ferngläser.
Istanbul, Topkapı.

Rechte Seite und oben:
Keramikdekorationen im Gemach der Sultaninmutter. Die in der Türkei in Moscheen und Pavillons weit verbreiteten Fayencen als Wandschmuck sind Teil des architektonischen Projekts, in das sie sich äußerst harmonisch einfügen.
Istanbul, Topkapı.

Über diese osmanische Einrichtung gaben sich die europäischen Dichter, Maler und Musiker unterschiedlichsten Vorstellungen hin: Wechselweise wurde der Harem als Bühne der Wonne oder Hölle, als unanfechtbarer Herrschaftsraum der Frauen oder deren Gefängnis, als Theater, in dem »Tausend und eine Nacht« gespielt werden, oder als geheimnisumwitterter Ort, als Schauplatz von Intrigen und diplomatischer Ränkeschmiede sowie als Stätte des Schweigens betrachtet. Die Romantik, ausgehend von Victor Hugo und Eugène Delacroix, glaubte im Harem sogar den Ort zu erkennen, in dem die körperliche Freizügigkeit der griechischen Antike am reinsten fortlebte. Die ausgelassene Stimmung und das dionysische Ambiente, mit dem Anselm Feuerbach sein »Gastmahl des Plato« schilderte, könnte ebenso gut auch den Hintergrund für eine Haremsszene abgeben.

Für die Russin Roxelane, die die Macht liebt, ist ebenso wie für Cecilia Baffo-Venier, die unter dem Namen Nur Banu das Leben mit dem maßlosen Sultan Selim II. dem grauen Alltag als uneheliche Tochter in der strengen Republik Venedig vorzieht, der kaiserliche Harem ein Thron, von dem aus sie in gleichberechtigter Stellung mit den Mächtigen ihrer Zeit

Nur Banu – eine Europäerin auf dem Thron in Istanbul

Die Gattin Selims II., Nur Banuwar war vermeintlich eine venezianische Patrizierin, die ursprüngliche Cecilia Batt-Venier hieß und 1537 während des Kriegs zwischen Türken und Venezianern von der Insel Paros entführt wurde.

Die junge Cecilia wird als Sklavin nach Konstantinopel gebracht. Da sie feine und elegante Manieren zeigt, nimmt man sie in Selims Serail auf und nennt sie Nur Banu, Frau Licht, eine Andeutung auf ihre glänzende Persönlichkeit. Die Jahre, die sie mit dem Türken verbringt, sind gewiß nicht einfach. Selim ist ein Verschwender, er trinkt haltlos, ist so dick, daß er nicht einmal reiten kann, gewiß kein angenehmer Mensch. Doch Nur weiß sich mit Intelligenz durchzusetzen. 1546 wird das Band zwischen den beiden durch die Geburt von Murat gefestigt.

1559 kommt ein gewisser Hasan nach Venedig, gibt sich als Gesandter Selims aus, der Nachforschungen über die Familie der Prinzessin einholen soll. Der Senat bestätigt, daß die Edelfrau aus Venedig stammt und liefert weitere Informationen über die Familie. Doch die Unterredung ist von dem Zweifel überschattet, der Diplomat könne ein Schwindler sein. Der Senat führt einige erfolglose Nachforschungen durch, die Angelegenheit ist heikel und um so schwieriger, als Nur und Selim in einer fernen Provinz ihres Reichs leben.

Cecilias Persönlichkeit tritt deutlicher hervor, als Selim 1566 Sultan wird, voll zur Entfaltung kommt sie während der Herrschaft Murats III. (1574–1595). Die Bindung zwischen Mutter und Sohn ist sehr stark. In den blumigen Formeln, die ihr Name beschwört, unterstreicht Nur stets ihre Rolle als Mutter; Murat dagegen, der die Staatsgeschäfte gerne führt, räumt der valide umfangreiche Autorität ein.

Die Sultanin von Istanbul greift in die Führung des Reichs ein, sie schlägt die Minister vor, leitet die Kontakte zu Europa, insbesondere die mit Venedig, führt Briefwechsel mit anderen mächtigen Zeitgenossinnen, so etwa mit Caterina de' Medici.

Nur Banu verkörpert in vollkommener Weise das Wesen der osmanischen Kultur. Wir wissen nicht, ob sie privat ihren europäischen Lebensstil praktiziert, denn in der Öffentlichkeit zeigt sie diesen nie. Die Sultanin besucht die moslemischen Heiligen, geht zur Andacht und finanziert aus ihrem Vermögen fromme Werke. Sie stirbt am 7. Dezember 1583 nach einer schlimmen Krankheit. Ihr jäher Tod gibt Anlaß zu dem Verdacht, sie sei auf Treiben von Murats Gattin, Safiye, vergiftet worden, die seit Jahren im Streit mit der *valide* lebt. Nach ihrem Willen wird die Sultanin in einem kleinen, wunderschön dekorierten Mausoleum in der Hagia Sophia beigesetzt – ein Wunsch, der vielleicht an ihre europäische, christliche Herkunft anknüpfen soll.

Der gemächliche Tagesablauf fördert den Müßiggang, das süße Nichtstun, einen kleinen Spaziergang, ein genüßliches Leben ohne Hektik nach der guten alten Tradition der Orientalen.
Costumi orientali, 17. Jh. Bologna, Biblioteca Comunale dell'Archiginnasio.

verhandeln können. Den weichen, wohlgenährten jungen Mädchen, die in den Parkanlagen des Serails schweigend neben dem mächtigen Herren des Osmanischen Reichs einherschreiten, scheint der Harem gewiß ein angenehmerer Ort zu sein, als ihr Heimatdorf, in dessen Armut sie ein schlimmeres Schicksal erwartet hätte. Anders sah es freilich für die von geheimen Lastern und bösen Gedanken gepeinigten Frauen aus, die unehrlich handelten oder die Regeln nicht achteten. Für sie glich der Harem »einer schiefen Ebene, die aus einer Öffnung in der Umfassungsmauer hervorragt und sich wie eine Achterbahn in das Meer darunter stürzt. Von dort aus, so erzählt man, werden die untreuen Odalisken in den Bosporus versenkt, wenn sie aus irgendeinem Grund dem Sultan nicht gefielen. Zusammen mit einer Schlange und einer Katze wurden in einen Sack gesteckt. Wie viele schöne Körper mag dieses tiefe, blaue Wasser in seinen ungestümen Strömungen geschaukelt haben!«

Türken verschiedenster sozialer Schicht vor dem Kaisertor im Topkapı.
Antonio Baratta, *Costantinopoli effigiata e descritta*, Turin 1840. Venedig, Biblioteca Nazionale Marciana.

Sklavinnen, Odalisken, Sultaninnen

Die Favoritinnen ergötzen den Sultan mit Musik. Die Türken erben diese Kunst der Unterhaltung vom feinen byzantinischen Hof. Im Laufe der Jahrhunderte widmen sich zahlreiche Sultane der Musik, einige von ihnen sind gute Musiker und Komponisten.
Codice Cicogna, *Memorie turchesche*, 17. Jh.
Venedig, Bibliothek im Museo Correr.

Der kaiserliche Harem, eine Institution im Palast

Konstantinopel, die reiche Metropole, dient als Hintergrund für diese äußerst elegant gekleidete Griechin.
George De La Chappelle, *Rucuel de divers Portraits...*, Paris 1648. Venedig, Biblioteca Nazionale Marciana.

Die Griechin

Die ganz außen auf dem Diwan sitzende vierte war eine blonde junge Griechin mit dem Profil einer antiken Statue. Ein smyrnischer *Taktikos* mit Goldzacken und Troddeln, kokett zum Ohr hinabgezogen und von zwei mächtigen geschlungenen Zöpfen eingefaßt, die einen Turban um den Kopf bildeten, paßte wunderbar zu ihrem geistvollen Gesichtsausdruck, erleuchtet von blauen Augen, die sich durch die sprühende Intelligenz von dem starren, geistlosen Glanz der großen schwarzen Augen ihrer schönen Rivalinnen unterschieden.

Gérard de Nerval, *Reise in den Orient*, 1884 (zit. nach *Werke*, Band I, München 1986, S. 553)

In den Steppen Zentralasiens führen die Türken ein abenteuerliches und aufregendes Leben: auf galoppierenden Pferden reiten, Vergewaltigung junger Mädchen, Rausch, Blut und Gewalt vermischen sich mit den Gefühlen der Toleranz und der Brüderlichkeit. Man spielt Würfel- und Steinspiele, Rätselraten, erfreut sich langer Erzählungen, geht in Ermangelung eines Kriegs auf die Jagd, trinkt und liebt sich. Mehr noch als der Reichtum ist es die Liebe zu den Frauen, die die Nomaden antreibt, denn – wie Dschingis Khan es kraß ausdrückt – gibt es einen größeren Rausch als den, die Frau und die Töchter des Feinds an die Brust zu drücken? In einer Welt, in der selbst im Spiel Gewalt herrscht, darf sich die Frau der Achtung und der Freiheit erfreuen. Zwar wird sie als Beute angesehen, doch hat die Eroberung für den Mann den gleichen Stellenwert wie Krieg und Jagd. Spiele, Turniere, Geschicklichkeitsbeweise folgen den Rhythmen der geschlechtlichen Vereinigung: Das Mädchen steigt aufs Pferd, vor sich auf dem Sattel hat sie einen Hammel, die Freier verfolgen sie. Wer den Hammel erobert, darf das Mädchen heiraten. Als Jägerinnen und Kriegerinnen sind sie frei, tragen in ihrem Stamm große Verantwortung und haben in der kargen Welt der Nomaden eine Stellung von Bedeutung.

Die türkische Gesellschaft und damit die Stellung der Frau ändern sich grundlegend, als das Volk die Steppe verläßt und das Schamanentum aufgibt. Die Türken treten zum Islam über und übernehmen damit die einschränkenden moralischen wie sexuellen Vorschriften, die die einstigen Freiheiten begrenzen. In den unteren Klassen bleibt bis zu einem gewissen Grad die Monogamie bestehen, in den höheren Schichten verbreitet sich der Brauch des Gynäzeums.

Die arabischen Worte *haramgah*, *zanana*, *harim* bedeuten »abgeschlossener, heiliger, exklusiver Raum«, sie entsprechen dem *enderun* der Perser, dem *purdah* und dem *zenane* der Inder. Mit diesen Begriffen bezeichnet man den den Frauen vorbehaltenen Bereich des Hauses, den man im Türkischen zunächst recht poetisch *dârüssaâde*, ›Haus des Glücks‹, nennt, doch setzt sich zuletzt das Wort *harem* durch, das auch in vielen europäische Sprachen Eingang findet.

Das ob des Reichtums, seiner Größe und des Raffinements berühmte Frauengemach der osmanischen Sultane heißt *Harem-i-Hümayun*, ›kaiserlicher Harem‹. Geschichte und Verfall dieser Einrichtung sind eng mit dem Reich des Halbmonds und seiner Entwicklung verflochten. Die Europäer haben daraus einen Mythos gemacht, einen Ort der Wollust. Tatsächlich ist der

Harem vor allem ein außergewöhnliches Machtzentrum, in dem bedeutende politische Entscheidungen getroffen werden. Nur scheinbar ein von Konstantinopel strengstens abgetrennter Ort, ist er in Wahrheit durch Interessen und Leidenschaften mit der Türkei und dem Rest der Welt aufs engste verflochten.

Der kaiserliche Harem ist nach der gleichen Hierarchie strukturiert wie der Topkapı, und abgesehen von wenigen Ausnahmen gibt es zu jeder Beamtin im Harem dort die entsprechende männliche Gegenfigur. Genaue Regeln bestimmen die Stellung jeder Frau, weisen ihr Aufgaben und Vorrechte zu. Diejenigen, die im Serail leben, sind Sklavinnen der ›Hohe Pforte‹ und nicht türkischer Abstammung. Nur die ersten Herrscher des Reichs heiraten Frauen ihrer eigenen Rasse oder, aus politischen Gründen, christliche Prinzessinnen. So etwa Orhan I. (1324–1362), der zunächst Nilüfer, die Tochter eines griechischen Prinzen, heiratet und danach Theodora, die Tochter des byzantinischen Kaisers Johannes V. Kantakuzenos, und den Osmanen auf diese Weise den Zugang zum Balkan eröffnet.

Doch diesen Brauch gibt man recht bald auf. Im Osmanischen Reich ist die ethnische Zugehörigkeit unbedeutend, man kennt die Politik einer Überlegenheit der türkischen Rasse nicht. Im Palast setzt sich die Gewohnheit durch, sich mit Sklaven zu umgeben, die, ihrem Herkunftsort entrissen, keinerlei Familienbande mehr besitzen. Schon im Ansatz kann man so der Bildung von Faktionen und Revolten entgegenwirken.

Die Frauen für den kaiserlichen Harem werden in der Regel nach diesen Prinzipien rekrutiert. Die Gouverneure in den Provinzen, die Paschas, die Honoratioren des Kaiserreichs, die dem Herrscher durch edle Gaben huldigen wollen, senden junge Sklavinnen in den Serail. Auch die Mitglieder der Kaiserfamilie pflegen dem Sultan während des *Kurban Bayramı*, des islamischen Opferfests, eine Sklavin zu schenken. Die Mädchen sollen nicht nur von der Natur mit besonderer Anmut und Schönheit bedacht sein, sie haben auch beste Erziehung genossen und besitzen einen guten Geschmack. Im Laufe von acht oder neun Jahren werden sie in Gesang, Musik und Tanz unterrichtet, und haben sie dann ihr Können unter Beweis gestellt, werden sie im Palast vorgeführt.

Die meisten von ihnen sind Tartarinnen, Tscherkessinnen, Georgierinnen; diese Rassen werden als die schönsten der Welt angesehen. Doch finden sich unter ihnen auch zahlreiche Europäerinnen, die Seeräuber entführt haben, um sie an irgendeinen reichen Osmanen weiterzuverkaufen. Nur selten stammen die Mädchen von den Sklavenmärkten. Diese Art der Rekrutierung dient in erster Linie dazu, daß es im Harem niemals an Dienerinnen

Die Tscherkessin

Die in der Mitte war eine Tscherkessin, sofort erkenntlich an ihren großen schwarzen Augen und der matten Blässe ihrer Haut, an der Adlernase mit makellosem, schmalem Grat, ihrem etwas zu lang geratenen Hals, ihrer hohen, schlanken Gestalt und ihren zarten Gliedern, den Erkennungsmerkmalen ihrer Rasse. Unter der Kopfbedeckung aus turbanförmig geschlungener und mit Gold betupfter Gaze quoll eine verschwenderische Fülle pechschwarzer Haare hervor, die ihre stark geschminkten Wangen hervorhoben. Eine bestickte Weste, eingefaßt mit Flitter und Seidenzacken, die in ihrem Farbengemisch gleichsam eine Blumenborte um den Stoff bildeten, ein silberner Gürtel und eine weite Hose aus durchwirkter rosa Seide vervollständigten das ebenso prächtige wie anmutige Kostüm. Versteht sich, daß nach hiesiger Sitte ihre Augen mit *Surmelinien* umrandet waren, was sie größer machte und ihnen Glanz verlieh. Ihre langen Fingernägel und ihre Handflächen waren mit Henna orangerot gefärbt; die gleiche Behandlung hatte sie ihren ebenso gepflegten nackten Füßen angedeihen lassen, die sie graziös auf dem Diwan verschränkte und dabei von Zeit zu Zeit die Silberreifen an ihren Fesseln klirren ließ.

Gérard de Nerval, *Reise in den Orient*, 1884 (zit. nach ebd., S. 552)

Freudenmädchen
Michel Baudier, *L'histoire de la decadence de l'empire grec...*, Paris 1650. Venedig, Biblioteca Nazionale Marciana.

Vorhergehende Doppelseite:
Der Harem, Ort der Wonne und des Genusses, kann für untreue Odalisken, die ihrem Herrn mißfallen, zur gefährlichen Falle werden.
Fernand Cormon, *Eifersucht im Serai*, 1874.
Besançon, Musée des Beaux-Arts et d'Archéologie.

Unten:
Zwerge und Narren sind im osmanischen Hof recht beliebt, mit Scherzen und Spielen erheitern sie Augenblicke des Müßiggangs der Prinzessinnen und des Sultans.
Costumi orientali, 17. Jh. Bologna, Biblioteca Comunale dell'Archiginnasio.

mangelt, die die niedrigsten Arbeiten verrichten. Wo auch immer die Mädchen herkommen, ob sie nun erworben wurden oder ein Geschenk sind, die Eunuchen mustern sie gleich nach ihrer Ankunft im Palast. Ein kleiner körperlicher Fehler, eine winzige Unvollkommenheit ist Grund für eine Untauglichkeitserklärung. Werden sie angenommen, so kommen sie vor die Königinmutter, die die endgültige Billigung ausspricht.

Die Sklavinnen können ihre Stellung sehr wohl verbessern, in der Rangordnung aufsteigen, doch ist dieser Weg dornig und mit Hinterlist, Tücken und Feindschaft gepflastert. Die als *cariye*, Sklavinnen, bezeichneten Mädchen müssen zunächst ein Glaubensbekenntnis ablegen, um Mohammedanerin zu werden. Um ihre Anbetung des gütigen und einzigen Gottes des Islam auszudrücken, reicht es, wenn sie vor zwei Zeugen die *şehadet* aussprechen, eine Formel, die etwa so lautet: »Allah ist groß und Mohammed ist sein Prophet.« Es sind die einzigen von den Türken erzwungenen Konvertierungen. Wesentlich zahlreicher ist die Schar der Europäer, die aus Gründen der Ideologie oder aus Opportunismus – um einer Verurteilung zu entgehen oder um Karriere zu machen – ihren christlichen Glauben verleugnen und freiwillig zum Islam übertreten.

Die Mädchen erhalten einen neuen, feinen, bezeichnenden, meist persischen Namen, wie Safy, ›Angenehm‹, Perestû, ›Schwälbchen‹, Gülbahar, ›Rose des Frühlings‹, Mâhpeyker, ›Mondform‹, Şekerbuli, ›Zuckerstückchen‹, Dilbeste, ›die das Herz verliebt‹, Nilüfer, Nenufaro, ›die Seerose mit großen gelben Blumen, stark wie das Sorbet, das man daraus gewinnt‹. Der Name spiegelt oft auch einen Charakterzug oder eine Eigenschaft des Mädchens wider. Aufgabe der Erzieherinnen ist es, sich bis ins kleinste Detail um die Ausbildung der Sklavinnen zu kümmern. Sie lernen die türkische Schrift, zu nähen und zu sticken, und weisen sie ein gewisses Talent vor, so werden sie auch im Gesang, im Tanz und in der Musik unterwiesen. Sie leben unter der strengen Aufsicht der Erzieherinnen und der Alten. Ein präziser Stundenplan füllt den Tag aus, nur wenige Stunden Freizeit oder ein außergewöhnliches Vergnügen dürfen die Monotonie der ewig gleichen Tage unterbrechen. Die europäischen Reisenden irren nicht, wenn sie den Serail treffend als eine Art Seminar bezeichnen, denn zwischen diesen beiden Orten scheint es keinen grundlegenden Unterschied zu geben. Die Sklavinnen haben sich einer sehr strengen Disziplin zu unterwerfen, wer Fehler begeht, wird auf das härteste bestraft.

Der Harem, wie auch der gesamte Topkapı, ist aufgeteilt in verschiedene Dienste, die man als *oda* bezeichnete und die die äußerst komplexen Aktivitäten des Hoflebens regeln. Die Sklavinnen werden einem bestimmten Dienst zugeordnet, den sie versehen, bis sie sich in diesem Fach spezialisiert haben. Jede kann in ihrem Bereich bleiben, dort aufsteigen oder von einem Fach zu einem anderen überwechseln. Ihr Weg hängt von ihren persönlichen Fähigkeiten, auch der, sich hervorzutun, von ihren Begabungen und ihrer Intelligenz ab. Die Lehrjahre werden über ihr künftiges Schicksal entscheiden. Ist sie schön und gefügig, tritt sie durch Anmut und Gewandtheit hervor, so wird zum Hof der Mutter oder der Gattinnen des Sultans gesandt. In einer solchen Stellung könnte sie dann auffallen und zur Favoritin avancieren.

Die weniger erfolgreichen Frauen, die nicht dazu auserwählt sind, vom Herrscher geliebt zu werden, können sich in der Karriere einer Fachsklavin oder Gouvernante versuchen und auch hier nennenswerte Ergebnisse erzielen. Fehlt die Liebe – zumindest die der Männer –, so kann man sich immerhin mit Wohlstand und Achtung trösten.

Der Harem ist also ein weiblich bestimmtes Reich, das die Königinmutter *(valide sultan)* mit einer kleinen Gruppe von Ministerinnen regiert, die ein Kabinett bilden. Premierministerin ist die *kethüda*, eine Art Chefwirtschafterin oder Verwalterin, die für das gute Funktionieren aller Ressorts und die Effizienz des Dienstpersonals verantwortlich ist. Bei ihrer Ernennung erhält die Wirtschafterin ein Siegel des Sultans, ein Schmuckstück und ein mit Silberstickerei versehenes Kleid, das sie bei offiziellen Anlässen trägt. Ihr Amtssymbol ist ein Silberstab.

An nächster Stelle in der Rangordnung kommt die *hazinedar usta*, die Oberste Schatzmeisterin, die ein Amt von großer Verantwortung innehat. Die im Harem verfügbaren Finanzmittel sind erheblich, die Beamtin zahlt die Gehälter, sie kontrolliert die laufenden Ausgaben und zahlt den alten Frauen, die den Serail verlassen, eine Rente.

Die Frauen, die die einzelnen Dienstleistungssektoren leiten, heißen *usta*. Dieser Begriff bedeutet eigentlich Lehrer, doch bezeichnet er auch die Frauen, die die Dienerinnen und die Sklavinnen befehligen. Die Waschküche und die Pflege der kaiserlichen Kleider leitet die *çamaşır usta* oder Vorsteherin der Wäsche. Für die Wäsche der kaiserlichen Kleider besteht nämlich ein besonderes Zeremoniell: Die Schüsseln und die Leinen sind aus Silber und dürfen nur für die Wäschegarnituren des Herrschers verwendet werden.

Obwohl der Islam die Sklaverei ablehnt, ist sie doch im Osmanenreich weit verbreitet, und in der Hauptstadt gibt es zahlreiche Sklavenmärkte.
Costumi orientali, 17. Jh. Bologna, Biblioteca Comunale dell'Archiginnasio.

Ein Amt von Bedeutung, wenngleich mit Risiko verbunden, ist das der Obersten Speisekosterin. In Zeiten, in denen die Intrigen bei Hofe zur Tagesordnung gehören, hängt das Leben des Herrschers an einem besonders dünnen Faden. Die *çasnagır usta* kostet also die Gerichte des Sultans, um sich zu vergewissern, daß sie nicht vergiftet sind. Während des Essens steht sie neben dem Herrscher und überprüft, daß der Dienst bei Tisch tadellos vonstatten geht. Sie ist sehr elegant angezogen, trägt weite rote *şalvar* und ein langes Hemd mit einem gelben Schal.

Einer der Bräuche des türkischen Lebens, dem besondere Bedeutung zukommt, ist der Besuch der Thermen. Diese Tradition, die man im Westen aufgab, da das Christentum die Verachtung des Körpers predigte, blieb im Orient erhalten. Die Reinigung des Körpers wird mit großer Sorgfalt vorgenommen, auch weil der Koran hierfür gewisse Rituale vorschreibt. Die *ibriktar usta* oder Vorsteherin der Bäder leitet also eine sehr bedeutende Abteilung. In das *hamam* geht der Sultan oft, dort entspannt er und plaudert. Die Sauna der Türken ist nicht besonders heiß, so daß man dort ganze Tage verbringen kann. Die Vorsteherin der Bäder regiert mit einigen Assistentinnen über dieses Reich, besorgt die Ausstattung: Kannen, Seife, Salben, Handtücher. Die *berber usta* rasiert den Sultan, wobei ihr die Barbiersgehilfinnen zur Seite stehen.

Das Abendland hielt die ›Herren über den Bosporus‹ immer für Barbaren, doch wird an ihrem Hof ein äußerst kompliziertes Zeremoniell einhalten, das sie von Byzanz übernommen haben. Selbst alltägliche Handlungen geraten zu Feierlichkeiten, denen durch den ausgesuchten orientalischen Luxus und das zahlreiche Dienstpersonal eine ganz besondere Wirkung verliehen wird. Bekannt ist die Kaffeezeremonie. Die *kahveci usta* oder Kaffeevorsteherin leitet diesen Dienst und befiehlt über die dieser *oda* zugewiesenen Mädchen. Fünf Odalisken bedienen den Sultan und seine Gäste, eine trägt das Gold- oder Silbertablett mit den Tassen, zwei tragen eine mit Perlen bestickte Seidendecke, eine trägt den *cevze*, eine kleine Kanne, in der man den türkischen Kaffee zubereitet, die letzte serviert den Kaffee. Diese Zeremonie findet unter den wachsamen Augen der Vorsteherin statt. Die Türken trinken dieses Getränk, das sich vom Orient bald nach Westen ausbreitete, mehrmals am Tag.

Linke Seite:
An Bewegung und malerischer Finesse des Barocks reiche Szenen stellt Francesco Guardi in seinem Interno armeno (18. Jh.) dar. Er ist nie in Istanbul gewesen, doch holt er sich seine Inspiration aus Stichen, stellt das türkische Leben aus deren Anregungen zusammen.
Francesco Guardi, *Interno armeno*, 18. Jh. Venedig, Privatsammlung.

Die Armenierin

Neben ihr saß eine Armenierin, deren weniger barbarischprächtige Tracht mehr der gegenwärtigen Konstantinopler Mode entsprach. Ein Fez gleich dem der Männer, überflutet von einer dichten Mähne aus blauer Seide, nämlich der nach hinten geschlagenen Quaste, schmückte ihren Kopf mit dem leicht gebogenen Profil, den stolzen, eine fast tierische Gelassenheit ausstrahlenden Zügen. Sie trug eine Art Spenzer aus grünem Samt, verziert mit einer breiten Borte aus Schwanenflaum, dessen dichtes Weiß elegant ihren Hals umspielte, um den feine Kettchen mit silbernen Anhängern geschlungen waren. Ihre Taille umschlossen geschmiedete Goldplättchen mit großen gebuckelten Filigranknospen darauf, und ihre verschränkten Füße – die Pantoffeln hatte sie auf dem Teppich stehen lassen – bedeckte, ein ganz modernes Raffinement: Seidenstrümpfe mit bestickten Zwickeln.

Gérard de Nerval, *Reise in den Orient*, 1884 (zit. nach ebd., S. 552 f.)

Unten:
Die Frauen zahlen einen hohen Preis, um Favoritinnen des Sultans und First Lady des Kaiserreichs zu werden. Wenn sie die strengen Regeln nicht beachten, werden sie hart bestraft.
Costumi orientali, 17. Jh. Bologna, Biblioteca Comunale dell'Archiginnasio.

Im Harem wird unglaublich viel verzehrt. Die Favoritinnen des Sultans liegen gemütlich auf den Divans, vertreiben sich die Zeit oder plaudern und nehmen dabei ständig irgendwelche Schleckereien oder Süßigkeiten zu sich. Die *kilerci usta* ist für die Speisekammer zuständig, die stets mit Nahrungsmitteln aller Art und erlesenen und wohlschmeckenden Getränken vollgefüllt sein muß. Die Odalisken, die dieser *oda* zugewiesen sind, servieren bei Tisch Obst, Süßigkeiten und Sorbets, auf die die Türken besonders gierig sind. Die Getränke werden von der *kadehkar kadın*, der Mundschenkin, ausgeschenkt.

Am Hof von Istanbul wird die Etikette genauestens, fast zwanghaft beachtet, sie dient dazu, ohne Ausnahmen die Distanzen zu wahren und Hierarchien zu gewährleisten. Im Harem ist für Geburten, Hochzeiten, Beschneidungen, offizielle Feierlichkeiten und religiöse Feste die *sasay usta*, die Zeremonienmeisterin, zuständig, die die Rangstufen und Privilegien aller Mitglieder des Hofs kennt. Die *sasay usta* leitet die feierlichen Handlungen und erklärt jedem, wie er sich vor dem Sultan und der Herrscherfamilie zu verhalten hat. Ihre Autorität und ihre Macht werden durch einen silbernen Stab und ein Siegel symbolisiert.

Eine türkische Dame beim Spinnen.
Raccolta di 120 stampe..., Venetiis 1783.
Venedig, Biblioteca Nazionale Marciana.

Die Verantwortung für Disziplin und Ordnung trägt die *baskâtibe* oder Erste Sekretärin, der von einer Reihe von Gehilfinnen assistiert wird. Sie ist auch zuständig für die *kalfa*, die alten Dienerinnen, während die Odalisken der *vekil usta*, der Präfektin, unterstehen. Diese wohnt im Quartier der Odalisken, aus deren Reihen sie aufgestiegen ist. Ihre Hauptaufgabe ist die Ausbildung der Mädchen.

Eine weitere bedeutende Rolle haben die *kutucu usta* inne, sie sind die persönlichen Dienerinnen der *valide sultan* sowie der Gemahlinnen des Sultans. Kompetent und äußerst geschickt betreuen sie ihre Herrinnen beim Baden, beim Ankleiden und Frisieren. In der spätosmanischen Periode wächst der Harem übermäßig, man gibt Unsummen von Geld aus, und jede Prinzessin hat eine eigene Dienerin, die dank des ständigen persönlichen Kontakts und der oft freundschaftlichen Nähe zu ihrer Herrin nicht selten sehr einflußreich werden kann.

Im Osmanischen Reich stehen den Frauen einige bedeutende Befugnisse zu: Sie kennen Kräuter und Salben, eine in Europa unbekannte Kinderheilkunde, wie zum Beispiel die Inokulation von Impfstoffen. Schwangerschaft und Geburt sind uneingeschränkt ihnen anvertraut, sie praktizieren eine Heilkunst, die nichts mit der Weisheit der Gelehrten zu tun hat, welche oft sogar mit Mißtrauen und Abfälligkeit beargwöhnt wird. Nur in seltenen Fällen greifen sie auf die Heilkunst eines externen Arztes zurück. Die Körperpflege ist Aufgabe der *hastalar usta* oder Obersten Krankenschwester und ihrer Assistentinnen.

Auch die Hebammen und die Ammen – letztere nennt man *sütnine*, ›Milchmutter‹ – dürfen sich der Achtung der Sultane erfreuen. Die Kindermädchen und Ammen stammen aus geachteten Bürgerfamilien, die nicht zum Palastleben gehören. Da sie die kaiserlichen Prinzen unter ihren Fittichen haben, genießen auch sie höchstes Ansehen. Zuletzt sei die *musahip kadın* genannt, eine Frau von hoher Bildung und vornehmen Manieren im Gefolge des Sultans. Ihr Amt hat ein männliches Pendant unter den schwarzen Eunuchen.

Rechte Seite:
Alltag der Türken in Konstantinopel.
Oben: Gespräche im Bad.
Unten: Lebhafte Verhandlung auf dem Sklavinnenmarkt.
Antonio Baratta, *Costantinopoli effigiata e descritta*, Turin 1840. Venedig, Biblioteca Nazionale Marciana.

Die Würdenträger des Kaiserreichs und die Mitglieder der Kaiserfamilie pflegen dem Sultan Sklavinnen zu schenken. Die Mädchen müssen nicht nur von der Natur mit besonderer Schönheit und Anmut begabt, sondern auch wohl erzogen sein und einen guten Geschmack haben. Bevor sie bei Hof vorgestellt werden, erhalten sie daher eine gründliche Ausbildung.
Costumi orientali, 17. Jh. Bologna, Biblioteca Comunale dell'Archiginnasio.

Die Odalisken und die Dienerinnen erhalten einen ihren Aufgaben entsprechenden Tagelohn in türkischen Silbermünzen, die alle drei Monate mit höchster Pünktlichkeit ausgezahlt werden. Neben dem Lohn erhalten die Dienstfrauen auch Kleidung bestehend aus zwei Kleidern aus Tuch pro Jahr, einem Stück hellen Stoff für Hemden, einem feineren Stoff für Tücher und einem Seidenkleid. Diese Gegenstände werden je nach Geschmack und Großzügigkeit der *valide* und des Sultans verteilt, die nach eigenem Belieben natürlich auch weitere Geschenke an die Dienerinnen vergeben können.

Das Sklavenleben der Frauen dauert nicht ewig. Sie sind verpflichtet, neun Jahre bei Hof zu bleiben. Danach steht es ihnen offen, den Palast zu verlassen und zu heiraten. In diesem Fall läßt man sie frei, stellt ihnen ein

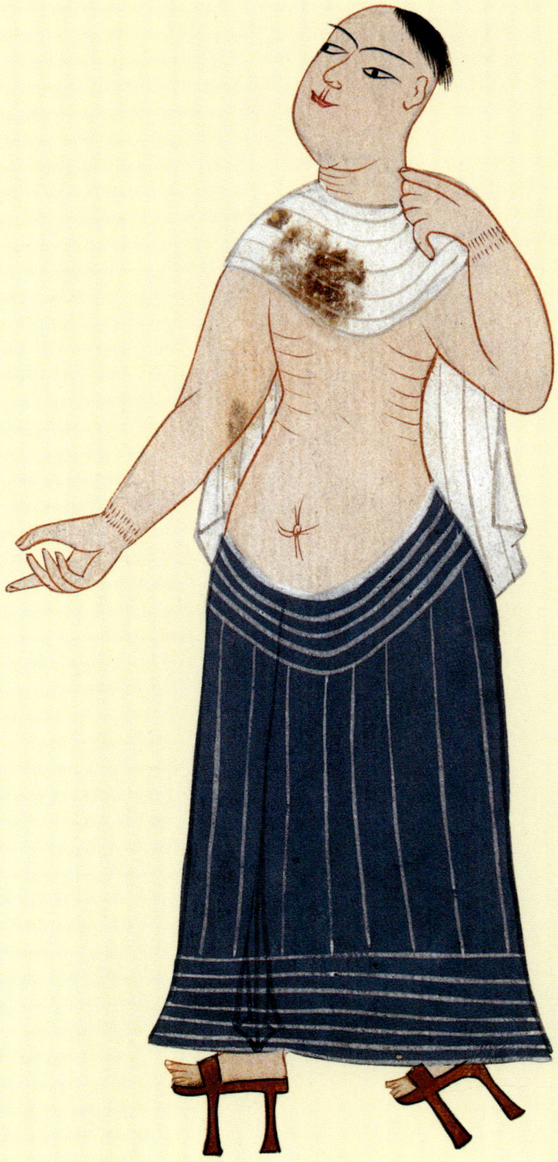

Freilassungsattestat, *itikname*, aus, und sie verfügen über all das Geld, das sie in den Dienstjahren gespart haben. Hinzu kommen die Geschenke, die sie von den Freundinnen und der *valide* erhalten. Ziehen sie sich nach einem längeren Dienst zurück, so schenkt man ihnen sogar Häuser und Grundstücke. Was sie an Mitgift und Geschenken mitnehmen können, ist gewiß nicht zu verachten, und nicht selten können sie sich ein recht angenehmes Leben leisten. Die freigelassenen Sklavinnen erhalten zahlreiche Heiratsanträge und können unter mehreren Bewerbern wählen. Dank der reichen Mitgift und der guten Kontakte, die sie weiterhin zu ihren Herrinnen pflegen, sind sie für ihre Ehemänner wertvolle Mittlerinnen und gut angesehen in der neuen Familie, in die sie einheiraten.

Links: Ein Page serviert Kaffee.
Foggie diverse del vestire de' Turchi, 15. Jh. Venedig, Biblioteca Nazionale Marciana.

Rechts: Viele Frauen im Harem sind Tartarinnen, Tscherkessinnen, Georgierinnen, aber viele kommen auch von Korsaren entführt, aus Europa.
Costumi orientali, 17. Jh. Bologna, Biblioteca Comunale dell'Archiginnasio.

Der mühevolle Aufstieg zur ersten Frau des Imperiums

Die kleine Tscherkessin Tirimüjgân tanzt mit geschmeidigen Gesten vor dem Sultan Abdülmecit, der seinem Gefallen mit intensiven Blicken Ausdruck verleiht. Es sind die Tage des *Kurban Bayramı*, der Opferfeierlichkeiten, und der zwanzigjährige Herrscher ist zu Gast am Ufer des Bosporus in der schönen Residenz seiner vierzehnjährigen Schwester, die vor kurzem geheiratet hat. Die Prinzessin nimmt das Interesse Abdülmecits zur Kenntnis und gedenkt, ihn durch ein Geschenk zu erfreuen. Sie schenkt ihm die kleine Sklavin. So kommt das Mädchen aus den hohen Bergen des Kaukasus in den Harem des Topkapı.

Von Leidenschaft und Ehrgeiz getrieben, erlernt Tirimüjgân all das, was die Eunuchen und die *kalfa* ihr beibringen, insbesondere alle Techniken der Liebe und erobert sich so die Gunst des Sultans. Schritt für Schritt erklimmt sie die gefährlichen Stufen hinauf auf dem Weg zur Macht, bis sie schließlich dem Sultan einen Sohn gebiert, Abdülhamit II. aus dem Geschlecht Osman, der den Thron besteigen und als der grausame ›Rote Sultan‹ in die Geschichte eingehen wird. Wir befinden uns in der Mitte des 19. Jahrhunderts, und das Leben lächelt der kleinen Tänzerin in diesem Moment zu. Doch wird sie die Thronbesteigung ihres Sohns nicht erleben, sondern in jungen Jahren an Schwindsucht sterben.

Bei ihrem Eintritt in den Harem konvertieren die Mädchen zum Islam und erhalten einen neuen Namen; dann werden sie von Lehrerinnen und Eunuchen in ihre neuen Aufgaben eingewiesen.
Costumi orientali, 17. Jh. Bologna, Biblioteca Comunale dell'Archiginnasio.

Tirimüjgâns Lebensgeschichte gleicht der vieler anderer Frauen im Kaiserpalast, die auf einem ähnlichen Weg zur Gattin des Herrschers über die Menschen aufsteigen. Schönheit, Intelligenz und viel Glück sind die grundlegenden Voraussetzungen für einen Erfolg, den man nur schwer lange Jahre hindurch beibehalten kann. Die Mädchen, auf die der hohe Gebieter »einen Blick geworfen hat« heißen *gedikli* – eine unbedeutende Bemerkung oder ein geringfügiges Interesse, und das Leben eines Mädchens wird sich vollkommen ändern.

Gibt der Sultan seinem Begehren Ausdruck, eine Nacht mit dem Mädchen zu verbringen, so wird diese nach einem Ritual vorbereitet: Sie wird gewaschen, massiert und parfümiert, mit feinster Unterwäsche und prächtigen Kleidern ausstaffiert, frisiert, mit Edelsteinen geschmückt und schließlich zum Kaiser geführt. Am Morgen danach erhält sie ein der Befriedigung des Sultans entsprechendes Geschenk. Handelt es sich um eine neue Leidenschaft und nicht um eine Odaliske, die bereits im Bett des Sultans gewesen ist, so wird man im Harem am Tag danach über nichts anderes reden und sich mit verschmitztem Lächeln unzählige Dinge ins Ohr flüstern.

Das Mädchen hat die erste Stufe der hierarchischen Ordnung erklommen und ist nun eine Favoritin *(ikbal)*. Sie lebt getrennt von den anderen Sklavinnen. Da der Sultan absoluter Herr über das Frauengemach ist, kann er entweder jede Nacht mit einer anderen Frau verbringen oder lange Zeit nur mit einer einzigen. Das hängt davon ab, wie gut sie ihn zu ergötzen und wie lange sie seine Aufmerksamkeit wachzuhalten weiß. Die Favoritinnen werden von den Dienerinnen und den Eunuchen mit besonderer Achtung behandelt. In der Geschichte der Osmanen gibt es sehr sittsame Herrscher, die wenig Interesse an solchen Genüßlichkeiten zeigen, aber auch solche, die in höchstem Luxus leben, zahllose Odalisken besitzen und eine Schar von Kindern zeugen.

Die Favoritin, die einen Sohn gebiert, heißt *kadın* und wird offiziell als Gemahlin des Sultans anerkannt. Wie jeder Moslem darf auch der Sultan vier Gemahlinnen haben. Ihre Rangordnung wird streng nach der Geburt der Kinder festgelegt. Die Mutter des ersten Sohns und somit des vermutlichen Thronfolgers heißt *başkadın*, Erste Dame. Danach folgen die zweite, die dritte und die vierte Frau. Sollte der erstgeborene Sohn sterben, so verliert die Frau alle ihre Vorrechte und überläßt ihre Stellung der Frau, die nach ihr einen Erben geboren hat.

In der ersten Zeit des Osmanischen Reichs hießen die Frauen des Dynasten *hatun*, später *kadın* oder *kadın efendi*, was in etwa der Herrin entspricht. Ab dem 16. Jahrhundert werden sie *haseki sultan* genannt. Die Gattinnen leben umgeben von jeglicher Annehmlichkeit in eigenen Wohnungen, können auf umfangreiche Einkünfte zählen, die sie oft für die Errichtung von Krankenhäusern, öffentlichen Bädern, Brunnen, Armenküchen und Moscheen verwenden. Im Reich des Halbmonds ist der Bau von gemeinnützigen Einrichtungen nämlich Aufgabe des Sultans und der führenden Politiker, ein Recht und eine Pflicht, an dem sich die Frauen der ›Hohe Pforte‹ in großem Umfang beteiligen. Die Prinzessinnen verbinden ihren Namen mit solchen Werken und tragen im Laufe der Jahrhunderte zur Verschönerung ihres Landes bei.

Die *kadın* lieben einander nicht gerade, doch haben sie Kontakt zueinander und beachten alle von der strengen Hofetikette vorgeschriebenen Gepflogenheiten, denenzufolge sie sich bei den Geburten und zu religiösen Feierlichkeiten gegenseitig besuchen und Geschenke tauschen. Trotz aller Titel und Begünstigungen bleiben sie doch immer im eigentlichen Sinne unverheiratet. Die Herrscher am Bosporus haben nur selten gegen diese Regel verstoßen. Eine

Abdülhamit II. – Der rote Sultan

Abdülhamit besteigt am 31. August 1876 begleitet von all den unveränderlichen Feierlichkeiten der osmanischen Etikette auf den Thron: Er schwört den Treueeid, umgürtet sich mit dem Schwert in der Eyüp-Moschee, schreitet die Truppen ab, empfängt Beamte und Minister. Auf einem weißen Pferd zieht Seine Kaiserliche Hoheit durch die Straßen Konstantinopels, auf dem Kopf trägt er einen Fez ohne Diamanten, seine Kleidung ist schlicht, und so treten die prächtigen Gewänder der kaiserlichen Beamten besonders hervor.

Der junge Sultan sieht zwar würdevoll und schön aus, doch ist er nicht gerade gut auf sein Amt vorbereitet, kennt das riesige Reich nicht, das sich aus einer explosiven Mischung unzähliger Völker mit eigenen Bedürfnissen zusammensetzt. Der heranwachsende Abdülhamit hat sich als ein neugieriger Schüler erwiesen, zeigt Interesse für Mathematik und Geschichte, doch das beschränkte Bildungsangebot bei Hof erstickt solche Interessen recht bald wieder. Schon als Junge ist er schüchtern, introvertiert, ein Einzelgänger, der Vater Abdülmecit I. liebt ihn nicht besonders und zieht den lebhaften Murat vor. Bei anderen kann er weder Aufmerksamkeit noch Sympathie erheischen und so verbringt er seine Kindheit einsam. Nur schwierige, ihm ähnliche Menschen erwecken sein Interesse. Nun setzen fortschrittliche Kräfte ihn in die höchste Machtposition, doch dort erweist er sich recht bald als ein konservativer Autokrat. Als kleiner Junge bespitzelt er seine Brüder unter seiner Regierung wird dies zur staatlichen Gepflogenheit.

Abdülhamit gleicht einem Schauspieler, der großartig die Rolle spielt, die ihm gerade zusagt oder die er für zweckmäßig hält. Er propagiert die Vereinigung aller Moslems unter seiner Führung als Sultan und Kalif, um so dem Auseinanderfallen seines Herrschaftsgebiets entgegenzuwirken. Das Resultat sind religiöser Fanatismus und Rassenhaß, die die zahlreichen Völker des Reichs gegeneinander aufhetzen.

Der ›Rote Sultan‹, so genannt wegen des Bluts, das in den Jahren seiner Herrschaft fließt, unternimmt einige populistische Reformversuche: Er läßt Schulen und Krankenhäuser errichten, versucht, das Verkehrswesen zu verbessern. Doch all diese Maßnahmen sind eher der Fürsorge geschuldet als dem Ziel, sein Land wirklich zu modernisieren. Tatsächlich ist Abdülhamit ein von Angst gepeinigter Herrscher, sein Leben erscheint wie eine Aufeinanderfolge verfehlter Initiativen, unterdrückter oder verborgener Wünsche. Er verbringt sein Leben mit der Vereitelung von Attentaten und Verschwörungen, doch schließlich ist auch er vor der Amtsenthebung nicht sicher. Den Rest seines Lebens verbringt er in Saloniki in einem tristen Exil mit drei *kadın*, zwei Prinzen, vier Eunuchen und vierzehn Dienern – ein bescheidener Hof für einen Mann, der sich einst für unbesiegbar hielt.

Rechte Seite:
Eine osmanische Sultanin mit ihrer Sklavin. Die Haremsdienerinnen erhalten einen Tagelohn, nach neun Jahren können sie den Dienst verlassen und heiraten. Die freigelassenen Sklavinnen erhalten viele Heiratsanträge, denn sie bringen eine reiche Mitgift und gute Beziehungen zu ihren ehemaligen Herrinnen mit, ein besonderer Vorteil für die Familie, in die sie einheiraten.
Raccolta di 120 stampe..., Venetiis 1783.
Venedig, Biblioteca Nazionale Marciana.

Hochzeit ist eine Ausnahme, man sieht sie fast wie ein Zugeständnis an, und die Notablen kritisieren eine solche Entscheidung sehr scharf. Doch werden alle Kinder anerkannt, dieses Prinzip gilt im gesamten Osmanischen Reich, es gibt keinerlei Unterschied zwischen den Kindern der Ehefrau und denen einer Konkubine.

Das Geschick der *haseki sultan* ist eng mit dem ihres Sultans verbunden. Nach dem Tod des Herrschers ziehen die Frauen und die Favoritinnen in den alten Serail um, im Topkapı bleibt nur die Mutter des Neuerwählten mit ihrem Hofstaat. In den Tränenpalast – so nennt man die Residenz auf dem Dritten Hügel – müssen auch die alten oder kranken und die in Ungnade gefallenen Frauen. Dieser Ort gilt als unglückselig, erzählt von Ausgrenzung und Verfall. Andererseits gibt es für die Frauen des verstorbenen Sultans auch die Möglichkeit, nochmals zu heiraten. Mit der Zustimmung des neuen Herrschers können sie Männer aus der Mittel- und Oberschicht ehelichen, und nicht selten haben auf solche Ehebande die Beziehungen einen Einfluß, die die Damen zu dem neuen Machthaber unterhalten, aber auch der Reichtum, den sie im Laufe der Jahre angehäuft haben.

Will eine Frau wirklich mächtig werden, so reicht es nicht, daß sie möglichst lange die Gnade des Monarchen genießt, sie muß ihm einen Sohn schenken und danach dafür kämpfen, daß dieser auch wirklich den Thron besteigt. Da soviel auf dem Spiel steht, kommt es natürlich im Harem zu einem wilden Konkurrenzkampf zwischen den Frauen. Sie führen wahre Faktionen an, Dienerinnen, Eunuchen und andere Würdenträger werden angeworben, die Damen kämpfen unbarmherzig, oft mir unfairen Mitteln gegeneinander, nur um ihren eigenen Sohn durchzusetzen.

Vereinten starke und fähige Sultane während der Blüteperiode des Reichs alle Autorität in ihren Händen, so zersplitterte die Macht in der Phase der Dekadenz, und das einst so streng organisierte System erlitt allerlei unkontrollierbare Krümmungen und Deformationen. Viele der Frauen mußten die alsbald ausbrechenden Palastfehden mit ihrem Leben bezahlen.

Eine Dienerin im Bad kämmt eine junge Frau. Nicht alle Frauen im Palast werden Favoritinnen, die weniger erfolgreichen können eine berufliche Karriere anstreben, Fachdienerinnen werden und es zu Wohlstand und Achtung bringen.
Raccolta di 120 stampe..., Venetiis 1783.
Venedig, Biblioteca Nazionale Marciana.

Alle Trümpfe in der Hand der Prinzessinnen

Vorhergehende Doppelseite:
Jules Migonney, *Das maurische Bad*, 1911. Bourg-en-Bresse, Musée de Brou.

Erblickt bei Hof ein Sohn das Licht der Welt, so wird dies mit Kanonenschüssen, Freudentänzen des Volkes und einem langen Zug von Würdenträgern gefeiert, die aus den fernsten Provinzen herbeieilen, um ihre Ehrerbietung zu bezeugen. Auch ausländische Herrscher senden Glückwunschbriefe, die deren Botschafter unter großem Pomp und mit wohlbedachten Gesten überbringen. Handelt es sich um ein Mädchen, so wird die Geburt mit wesentlich bescheidenerem Aufwand gefeiert.

Die Söhne dürfen ebenso wie die Töchter des Sultans ihre Kindheit bei der Mutter verbringen, obwohl sie bereits im zartesten Alter unterschiedlich behandelt werden. Die Jungen umsorgen Eunuchen und Hauslehrer, die sie in die ersten Anfangsgründe einweisen: mit Pfeil und Bogen schießen, Leibesübungen, jagen, reiten, den Gebrauch der verschiedenen Waffen. Auch ein Handwerk erlernen die jungen Prinzen, denn der Orient kennt den Unterschied der Europäer zwischen manueller und intellektueller Arbeit nicht – im Gegenteil, ein Mensch ist erst dann vollkommen, wenn er beide Fertigkeiten besitzt.

Nach der Beschneidung werden die jungen Prinzen unabhängiger, und nicht selten sorgt der Vater dafür, daß sie mit einem Regierungsamt in der Provinz betraut werden. In Begleitung des Hauslehrers, der Mutter, der Kurtisanen, Künstler und Literaten ziehen sie in die Provinzstadt und bringen dorthin die Kultur der Hauptstadt, bauen einen Miniaturhof nach dem Vorbild des Istanbuler Hofs auf, fördern Künste, Literatur, den Bau von Monumentalwerken sowie Infrastrukturen. Man pflegt sie in die asiatischen Provinzen zu schicken, nicht in die europäischen, denn sie sollen vor den Verlockungen und Gepflogenheiten der christlichen Fürsten bewahrt werden, die sie von ihren guten Vorsätzen abbringen könnten.

Der Lebensweg der Prinzessinnen sieht ganz anders aus. Sie leben bis zu ihrer Hochzeit bei Hof, oft liebt der Vater sie besonders, denn die Tochter-Vater-Beziehung ist nicht von Rivalität und Verdacht verpestet. Der Ausbildung der Mädchen wird weniger Aufmerksamkeit gewidmet, als der der jungen Männer. Doch auch sie lernen lesen und schreiben, dazu all jene Geschicklichkeiten, die man als besonders weiblich empfindet: Gesang, Musizieren, Sticken.

Die Tanten, Schwestern und die Töchter des Sultans werden niemals fremde Fürsten heiraten, sondern nur hochrangige Notable oder Würdenträger des osmanischen Hofs. Wenn es dann soweit ist, stellt der Sultan eine besonders reiche Mitgift zusammen: Immobilien, Gold, Kleider und Schmuck. Außerdem erhalten die Prinzessinnen eine Apanage, die sie bereits bei Hof bezogen haben.

Unten:
Die Prinzessinnen aus dem Kaiserhaus heiraten keine ausländischen Prinzen, sondern osmanische Amts- und Würdenträger. Sie erhalten eine reiche Mitgift und behalten die bei Hof bezogene Apanage bei, so daß sie als verheiratete Frauen im gewohnten glänzenden Lebensstil weiterleben können.
Costumi orientali, 17. Jh. Bologna, Biblioteca Comunale dell‹Archiginnasio.

In ihr neues Haus nehmen sie die ihnen vertrauten Eunuchen und Sklavinnen mit, die weiterhin ihr Gehalt vom Sultan beziehen. Die kaiserlichen Edelfrauen sollen ihren Lebensstandard beibehalten. Somit wird natürlich immer ein wohlhabender, reicher Bräutigam ausgewählt, der aus einer solchen Ehe selbst zweifellos eine Reihe von Vorteilen zieht, denn der Sultan wird ihm hohe Ämter und Privilegien einräumen.

Die Hochzeitsfeierlichkeiten einer Prinzessin dauern viele Tage. Hat man einmal den Heiratsvertrag aufgesetzt, in dem auch die Mitgift festgelegt wird, so lädt der Bräutigam die bedeutendsten Staatsmänner ein. Mit stattlichem Aufwand bringt man den Brautschmuck in den Serail: Ringe, Ohrringe, Broschen, Spiegel, hohe Hausschuhe für das *hamam* und andere mit wertvollen Steinen und Perlen verzierte Gegenstände, dazu mit Süßigkeiten und Leckereien gefüllte Silberteller und ein mit Edelsteinen besetztes Golddiadem, ein byzantinischer Brauch, den die Türken übernommen haben. Die Aussteuer der Braut wird in einem Saal ausgestellt, in den sich auch die Honoratioren begeben, um ihre Geschenke dort abzuliefern. Dann wird diese Aussteuer in einem prachtvollen Zug in die neue Residenz der Prinzessin getragen.

Am nächsten Tag begleiten die hohen Amtsträger und die Damen der Kaiserfamilie die Braut in ihren neuen Wohnsitz. Ihr Gatte und der Oberste Eunuch empfangen sie, die schwarzen Eunuchen nehmen sie beim Arm und geleiten sie bis zur Tür ihres Harems. Nun wird das glänzende Hochzeitsbankett aufgetragen, Männer und Frauen speisen getrennt. Zum Abschied übereicht der Bräutigam den Gästen ein Geschenk. Sind die Vermählten nun endlich allein (oder fast allein), so zieht der Bräutigam einen Zobelpelz an, den ihm die Sultanin geschenkt hat. Zu seiner Gattin führt ihn der Oberste Eunuch, der er ihn mit den folgenden Worten ankündigt: »Prinzessin, Ihr Pascha und Diener«. Sodann zieht sich der Eunuch zurück. Die Sultanin wartet hinter einem Vorhang, bis ihr Mann sein *namaz*, sein Gebet, gesprochen hat. Danach tritt er zu ihr, küßt ihre Kleider und wartet darauf, daß sie ihn bittet, neben ihr Platz zu nehmen.

Der luxuriöse Wohnsitz einer Prinzessin im Konstantinopler Stadtviertel Eyüp.
Antonio Baratta, *Costantinopoli effigiata e descritta*, Turin 1840. Venedig, Biblioteca Nazionale Marciana.

Rechte Seite:
Sofas aus Kaschmir, Teppiche aus Persien, Tische aus Perlmutt schaffen in der Residenz von Sait Halim in Istanbul eine intime und geheimnisvolle Atmosphäre.

Unten:
Ein kleiner wertvoller Dolch, den die osmanischen Prinzessinnen als Symbol ihrer Macht am Gürtel tragen. Sie sind die einzigen Frauen im Osmanenreich, denen offiziell Überlegenheit über ihren Mann anerkannt wird.
Costumi orientali, 17. Jh. Bologna, Biblioteca Comunale dell'Archiginnasio.

Für den Gatten einer Sultanin bringt das Eheband viele Mühen mit sich. Sie ist die einzige Frau im Reich, der offiziell die Überlegenheit über ihren Mann zugestanden wird. Lady Montagu, die zu Beginn des 18. Jahrhunderts die Türkei bereist, bezeichnet die osmanischen Frauen als das einzig freie Volk und die Macht, die sie besitzen, als eine Art Gegengesellschaft. Vermutlich bezieht sie dieses Urteil auf die Prinzessinnen aus dem Kaiserhaus, denn als Gattin des englischen Botschafters an der ›Hohen Pforte‹ wird sie wohl in erster Linie mit Frauen aus dieser Schicht zusammengekommen sein. Das Machtsymbol der Prinzessinnen ist ein *hançer*, ein spitzer, kleiner, mit Edelsteinen verzierter Dolch, den sie ständig am Gürtel bei sich tragen. Sie schmücken sich mit dem Titel *hanım sultan*, Frau Sultanin, und selbst die Ehemänner sind verpflichtet, sie so anzureden.

Eine Prinzessin kann die absolute Monogamie von ihrem Mann verlangen. In diesem Fall werden die ersten Frauen vor der neuen Eheschließung verstoßen. Auch kann der Ehegatte nicht eine einzige neue Sklavin verlangen, es sei denn, er hat die ausdrückliche Genehmigung von Seiten der Frau Sultanin. Selbst die intimsten Momente zwischen den Eheleuten finden ausschließlich nach Willen und Wunsch der Sultanin statt.

Diese Edelfrauen erfreuen sich einer größeren Autonomie, als die Damen des Sultans, sie können frei die Besuche anderer hochwohlgeborener türkischer oder europäischer Frauen empfangen, die in Istanbul leben. Nach eigenem Belieben statten sie Besuche im kaiserlichen Harem ab und treffen den Sultan oft in streng privater Audienz. Die Minister schenken ihnen Glauben, sie können zu eigenen Gunsten oder zugunsten ihrer Schützlinge eingreifen, können die ihnen zur Verfügung stehenden Machtmittel zu guten oder bösen Zwecken anwenden, aus Großzügigkeit oder Geiz handeln, eben je nach Charakter und Interesse. Die Namen zahlreicher Prinzessinnen blieben Jahrhunderte hindurch erhalten, denn sie wurden in die Grundmauern jener religiösen und monumentalen Bauwerke eingemeißelt, die sie in den Städten errichten ließen, in denen sie ihr herrschaftliches Leben führten.

Allein die Staatsraison, die das Osmanische Reich beherrscht, kann auch das von Glück gesegnete Dasein dieser Frauen beeinflussen. Wenn sie nicht einen Großwesir oder einen Beamten heiraten, der sein Amt in Konstantinopel führt, müssen sie sich bereits wenige Monate nach der Hochzeit von ihren Männern trennen. Die Töchter aus einer solchen Ehe werden mit allen Ehren verheiratet und beziehen einen ihrem Grad angemessenen, großzügigen Unterhalt. Die Söhne dagegen erzieht man zur Ausübung der freien Künste, doch haben sie keinerlei Anspruch auf eine Thronfolge oder auf irgendein Amt bei Hof. Die Osman-Dynastie traut ihren eigenen Verwandten nicht und überträgt Vertrauenspositionen lieber an im Palast aufgezogene Sklaven und Eunuchen, deren Leben oder Tod ausschließlich von der absoluten Treue zu ihrem Herren abhängt.

Die Sultaninmutter

An einem schwülen Julitag des Jahres 1668 kehrt Mehpâre Emetüllah Râbia Gülnûs – Gattin des Sultans Mehmet IV. und Mutter von Mustafa II., auf der Insel Kreta geboren und als Christin erzogen, später eine inbrünstigste Mohammedanerin – nach Istanbul zurück. Sie hat einige Tage in Adrianopel verbracht, der schönen thrakischen Stadt, die den Türken in jener Zeit als Vorposten für die Eroberungen im Balkan dient.

Der französische Reisende Jean-Baptiste Tavernier, der an diesem Tag in der osmanischen Hauptstadt weilt, beschreibt, wie sich diese feierliche Rückkehr vollzieht. Den Zug eröffnen kleine Janitscharenmannschaften, die – so gehört es sich für sie – ohne jegliche Ordnung marschieren und von zweihundert nicht gerade gut gekleideten Rittern sowie den für den kaiserlichen Marstall zuständigen Offizieren gefolgt werden. Im Anschluß kommen vierzig Ritter, gekleidet in einem roten Seidengewand, das von einem samtenen Köcher gleicher Farbe, auf dem einige goldene Lilien prangen, ergänzt wird. Auf dem Kopf tragen sie einen Helm, von dem zahlreiche Maschenketten wie Haare herunterhängen. Der Chronist ist der Meinung, daß hiermit im Kampf Schläge verteilt werden. Es folgen der Reihe nach die *ağa* der Janitscharen, sechs Reitknechte, zwölf Männer in lächerlicher Kleidung, auf der Schulter tragen sie einen Silberstock, hundert Torwächter *(kapıcı)*, einhundert reich gekleidete Wachen *(çavuş)*, sechshundert Gärtner *(bostancı)*, die Kappen in Form eines Zylinders tragen, zweihundert *kadı* oder islamische Richter mit weißem Turban, zweihundert Ordensbrüder sowie zahlreiche Amtsträger. Vor den Equipagen sitzen auf guten Reittieren viele schwarze Eunuchen, beeindruckend sind sie dank ihrer prächtigen Kleidung. Die Fahrzeuge geleiten weitere Wachen zu Pferde.

In einer von sechs weißen Pferden gezogenen Kutsche sitzt Râbia Gülnûs zusammen mit einer anderen Sultanin; auf den Trittbrettern zwei schwarze Eunuchen mit grimmiger Miene. Durch kleine Jalousien können die Prinzessinnen hinaussehen, ohne selbst gesehen zu werden, der Tatsache zum Trotz, daß die Offiziere, die den Zug eröffnen, dem Volk gebieten, sich umzudrehen und nicht hinzublicken. Der Kutsche der *valide* folgen weitere zwölf Wagen, die den Hofstaat und das Dienstpersonal befördern. Dahinter kommen viele Sänften sowie vier Karren, in denen Schnee aus Bithynien transportiert wird, dem Eis für die Sorbets und Getränke, die die Sultaninnen in großer Menge verzehren. Insgesamt besteht der Zug aus fünftausend Personen. Drei Stunden dauert es, bis er die Stadt durchquert hat.

Linke Seite:
Der Hof des Appartements der *valide*, der absoluten Herrscherin über den Harem, den sie mit der Unterstützung der Vorsteherinnen und des Obersten Schwarzen Eunuchen leitet. Sie bestimmt das Gesellschaftsleben, genehmigt Feste und Zeremonien, gibt den Lebensstil vor und verwaltet ein erhebliches Vermögen.
Istanbul, Topkapı.

Hat sie hierfür Neigung und Talent, so kann die Sultaninmutter nicht nur den Harem leiten, sondern auch in die Regierungsgeschäfte eingreifen. Viele Sultaninnen empfangen ausländische Botschafter, vergeben Empfehlungen und Beglaubigungsschreiben, finanzieren öffentliche Werke.
Foggie diverse del vestire de' Turchi, 15. Jh. Venedig, Biblioteca Nazionale Marciana.

Vorhergehende Doppelseite:
Die Inneneinrichtung eines Saals im Palast der Prinzessin Hatice, der Schwester des Sultans Selim III.
Ignaz Mellin, *Voyage pittoresque de Constantinople et du Bosphore*, Paris 1819. Parma, Biblioteca Palatina.

Obwohl die Osmanenwelt die Polygamie toleriert, so akzeptiert sie doch nur eine Mutter, die, unabhängig vom gesellschaftlichen Stand, einen Ehrenplatz in jeder Familie einnimmt. Ganz besonderer Vorrechte erfreut sich, auf der obersten Stufe des Kaiserreichs, die Frau, die in ihrem Schoß den Herrscher aller Herrscher getragen hat. Die Sultaninmutter verfügt über eine nicht unbedeutende Macht in und außerhalb des Serails, sie hat Einfluß auf den Sohn und nicht selten leitet sie die Politik oder sie unterhält die Beziehungen zum Ausland. Man ehrt sie mit zahlreichen achtungsgebietenden Titeln, nennt sie *ippetlu*, ›die Würde besitzt‹, oder *devetlu*, ›die Macht besitzt‹, ab dem 16. Jahrhundert trägt sie den Titel *valide*, Mutter.

Der Harem ist ihr Privatreich. Wie bereits dargestellt, lenkt sie diese komplizierte Institution mit Unterstützung der Vorsteherinnen und des Obersten Schwarzen Eunuchen, der für die Beziehungen zur Außenwelt zuständig ist. Die *valide* leitet das gesellschaftliche Leben, genehmigt Feste, Zeremonien, erteilt Bewilligungen, gibt Lebensstil und -standard vor, schlichtet die nicht gerade seltenen Streitigkeiten und verwaltet einen beachtlichen Besitz, die Einkünfte, die dem Harem zustehen. Sie persönlich besitzt ein gewaltiges Vermögen aus der kaiserlichen Apanage *(pasmaklık)* und kassiert Steuern und Abgaben aus Gütern, die der Sultan ihr vermacht, wenn neue Provinzen erobert werden.
Große Werke der öffentlichen Hand in zahlreichen Städten des Reichs konnten nur deshalb realisiert werden, weil eine *valide* ihre Reichtümer umsichtig investiert hat. Wollten wir sie alle aufzählen, so ergäbe das eine unendlich lange Liste. Allein in Istanbul sind zu nennen: die öffentlichen Thermen von Hürrem oder Roxelane, herrlich gelegen vor der Hagia Sophia, sowie die noch heute funktionierenden Bäder der Sultanin Cecilia Baffo-Venier in Çemberlitas. Sie stehen neben der Konstantins-Säule, in deren Fundament der Legende nach Kaiser Konstantin der Große bei ihrer Errichtung im Jahre 328 verschiedene Reliquien hatte einmauern lassen, so die Nägel vom Kreuz Christi zusammen mit einem Bild der Athene, eine Art ideelle Zusammenführung der heidnischen Vergangenheit und der christlichen Gegenwart. Die *valide* begleitet auch den Sultan zum Freitagsgebet in die Moschee und bei anderen religiösen Feierlichkeiten.

Detail aus einer Wand mit Fayencen aus Iznik im Gemach der Sultaninmutter.
Istanbul, Topkapı.

Der Bedeutung ihres Amts angemessen sind die majestätischen Zeremonien anläßlich ihrer Amtseinsetzung. Der Tod eines Sultans sprengt die Zusammensetzung des Hofstaats. Im gesamten Reich werden die Ämter aufgrund des persönlichen Vertrauens des Herrschers zu diesem oder jenem hohen Beamten vergeben, sein Tod führt also zur Amtsenthebung von Ministern und Großwesiren. Im Harem herrschen, wie wir bereits gesehen haben, die gleichen Regeln, auch die Frauen des verstorbenen Sultans müssen den Topkapı verlassen. Die Thronbesteigung des Nachfolgers wird von den Janitscharen begrüßt, deren Aufgabe es ist, den Erwählten bis zur Eyüp-Moschee zu begleiten. Hier umgürtet sich der neue Herrscher mit dem Schwert, dem Symbol seiner politischen und religiösen Macht, und huldigt dem heiligen Grab von Ayyub Ansari, dem unter den Mauern von Konstantinopel gefallenen Fahnenträger des Propheten Mohammed. Eine große Menschenmenge folgt dem Sultan und wirft schweigend ein

Gebet durch die kunstvoll gearbeitete Jalousie, hinter der der Sarkophag des Heiligen steht. Der Sultan kehrt in den Palast zurück, in dem nun die Feierlichkeiten ihren Lauf nehmen.

Einige Tage nach dieser Zeremonie findet der Zug der Amtseinsetzung *(valide alay)* statt, mit dem die Mutter des neuen Herrschers in die Kaiserresidenz geleitet wird. Voraus marschieren die Janitscharen und ihr Anführer, er trägt das Szepter und die Symbole des Divan, des Staatsrats, es folgen die Equipagen mit der *valide* und ihr gesamter privater Hofstaat. Geldmünzen werden unter das Volk geworfen. Der Sohn erwartet zu Pferde im Kaisertor die Mutter, um sie mit höchster Achtung zu begrüßen: Dreimal küßt er ihre Hand und drückt sie an seine Stirn. Dann geleitet er sie in den Harem. Zwei Tage nach ihrer Ankunft überbringt der Oberste Schwarze Eunuch dem Großwesir ein Schwert und einen Pelz, ein Geschenk der Sultanin. Auch der Empfang und der Austausch solcher Geschenke findet im Rahmen einer feierlichen Handlung in der Nähe des Tors der Begrüßung statt.

Sind die Formalitäten des Zeremoniells einmal zu Ende, so beginnt ein neues Leben. In ihrem Viertel kann die Sultaninmutter sowohl die Einrichtung ändern als auch die Gepflogenheiten, die ihre Vorgängerin eingeführt hat. Hat sie Sinn und Gespür für die Politik, so wird sie sich politisch engagieren. Auch darf man nicht vergessen, daß viele Sultaninnen europäischer Herkunft sind, eine christliche Erziehung genossen haben und deshalb versuchen, die guten Beziehungen zu ihrer Heimat aufrecht zu erhalten. In diesem Fall fungieren sie als Mittlerinnen zwischen ihrem Land und dem Reich im Zeichen des Halbmonds, sie empfangen Botschafter, stellen Beglaubigungsschreiben und Empfehlungen aus, führen Briefwechsel mit den europäischen Herrscherinnen.

Leben und Macht der *valide* stehen jedoch auf tönernen Füßen, sie hängen ab von dem Erfolg ihres Sohns. Ein früher Tod oder eine Absetzung löschen im Handumdrehen auch die Autorität der Mutter. Und nun wird der eitle Ruhm der Amtseinsetzung umgekehrt, ohne Feierlichkeiten fährt die *valide* die kurze Strecke zurück zum alten Serail. Nur die qualvollen Verse Adnis, eines mächtigen Sultans, der unter diesem Künstlernamen dichtete, mögen ihr ein wenig Trost spenden:

Detail aus einer Holz- und Perlmuttintarsie an einem Wandschrank im Harem.
Istanbul, Topkapı.

> „Glaube nicht, daß dir Freude bereiten wird mit den zahlreichen Gaben
> die wiederkehrende Kugel des Himmels auf ihrem täuschenden Weg,
> und stellt sie dir auch Wonnen vor Augen,
> so sind diese falsch und Jene hält Schmerzen bereit.«

Die Tore des Tränenpalasts schließen sich nun für immer für sie und verschlingen sie wie eine große Welle ein mit Waren überfülltes Schiff. Nach einer Zeit hohen Ansehens gerät sie in Vergessenheit und wartet auf den Tod.

MUSEO CIVICO - RACCOLTA
VENEZIA
CORNER

Links:
Eine im Auftrag der Sultaninmutter erbaute Karawanserei, in der Reisende Unterkunft finden und Waren gelagert werden.
Codice Cicogna, Memorie turchesche, 17. Jh. Venedig, Bibliothek im Museo Correr.

Unten:
Türkische Edelfrau
Costumi orientali, 17. Jh. Bologna, Biblioteca Comunale dell‹Archiginnasio.

Schwarze Eunuchen, die Sklaven der »Hohe Pforte«

Linke Seite:
Das Tor der Schwarzen Eunuchen und ein Detail aus einer mit Fayencen getäfelten Wand. Die persischen Handwerker sind wegen ihrer Perfektion in der Kunst der Keramik bekannt. Der Wandschmuck schafft eine bewegte Oberfläche, wodurch die Architekten den Innenraum größer erscheinen lassen. Istanbul, Topkapı.

Rundlich und schlaff, mit dem welken, bartlosen Gesicht eines Neugeborenen, von hoher Statur, doch unförmig, denn sie haben einen kurzen Oberkörper und sehr lange Beine, so stolzieren die Eunuchen mit langen Schritten durch die Straßen von Konstantinopel, vor oder hinter einer Kutsche, allein oder mit anderen zusammen, zu Fuß oder zu Pferd. Um sich werfen sie wilde Blicke, um einzuschüchtern und die Frauen, die ihnen anbefohlen sind, vor jeglichem unehrerbietigen Handeln der Passanten zu schützen. Man hat sie mit viel Neugier beschrieben, wegen ihres grausamen Schicksals bemitleidet, sie als »geschlechtslose Monster« bezeichnet. Für die europäischen Reisenden sind sie allen Vorurteilen zum Trotz die besten Spitzel, denn sie kennen den Kaiserpalast sowie dessen Geheimnisse. Sie rühmen sich gleichermaßer der wahren wie der erfundenen Geschichten und sind nur zu gern bereit, diese gegen großzügige Geschenke preiszugeben.

Bis zu Beginn des 20. Jahrhunderts sind die Straßen Istanbuls, ja ist die ganze osmanische Geschichte bevölkert von diesen Gestalten. Woher dieser Brauch stammt, ist unbekannt. Die Geschichtsschreiber des gesamten Orients von Mesopotamien bis China berichten von kastrierten Sklaven. Die Perser verstümmeln ihre ionischen Gefangenen und reichen sie ihren Herrschern zusammen mit den Jungfrauen als Gastgeschenk. Auch die christliche Welt will diesen heidnischen Brauch keineswegs aufgeben, in der Renaissance schätzt man die Knabenstimmen der Kastraten im Chor der Sixtinischen Kapelle, und auch in der italienischen Oper finden sie lange großen Anklang. In der arabischen Welt führt die Trennung der Geschlechter zum Einsatz von Eunuchen insbesondere in Kleinasien und in den Moscheen von Mekka und Medina. In Griechenland und in Byzanz werden Kastraten vor allem zu religiösen Zwecken verwendet. Von hier ist der Schritt nicht weit, die Osmanen übernehmen diesen Brauch von Byzanz, denn als Wachen für die Frauen sind sie natürlich ganz besonders wertvoll.

Im Osmanischen Reich nimmt die Zahl der Kastraten erheblich zu, denn bei jeder wohlhabenden Familie stehen Eunuchen im Dienst. Zunächst haben die Türken weiße Eunuchen, doch ab dem 16. Jahrhundert entdecken sie die schwarzen. In den Augen ihrer Herren sind sie noch häßlicher, auch überleben sie die Verstümmelung eher.

Der Islam verbietet die Kastration. Also müssen die gläubigen Moslems einen Ausweg finden, um einerseits ihre Gewissen und andererseits ihre Finanzen zu schonen. Während in China die Eunuchen alle chinesischer Rasse sind, findet man in der Türkei dagegen keine türkischen Kastraten. Sie stammen ausschließlich aus christlichen Ländern, aus Georgien, Armenien, dem Kaukasus oder aus den afrikanischen Zonen, Ägypten, dem Sudan, Abessinien.

Der Sklavenhandel erweist sich im allgemeinen als sehr lukrativ. Die Händler verhandeln direkt mit den Häuptlingen der afrikanischen Stämme, die die jungen Männer als eine Art Ware ansehen und somit für umfangreichen »Vorrat« sorgen. In selteneren Fällen veräußern die Familien selbst ihre Söhne, entweder, weil sie sehr arm sind, oder aus Gewinnsucht. Aus Chartum

Unten:
Die fetten und schlaffen, bartlosen Eunuchen gehen oder reiten wilde Blicke um sich werfend durch die Straßen Konstantinopels, folgen den Kutschen der Damen, die sie zu bewachen haben. *Costumi orientali*, 17. Jh. Bologna, Biblioteca Comunale dell'Archiginnasio.

und Dongola werden sie entlang dem Nil, aus Äthiopien über das Rote Meer transportiert, in Frachtschiffe eingepfercht wie Sardinen oder auf Kamelrücken in langen Karawanen, um schließlich auf die großen Marktplätze am Mittelmeer zu gelangen, nach Mekka, Medina, Beirut, Smyrna und Konstantinopel.

Die Verschneidung wird während der Reise an irgendwelchen Raststätten von Christen oder Juden, niemals von Mohammedanern durchgeführt. Man operiert ohne jegliche Hygiene oder ärztlichen Beistand, gegen die Gefahr des Verblutens gibt es nur den heißen Wüstensand. Die Sterblichkeitsrate ist sehr hoch, doch der steht der stattliche Preis entgegen, den ein Händler erzielen kann. Zu Ende des 17. Jahrhunderts berichtet der Reisende Tavernier, daß ein schwarzer Eunuch auf dem Markt bis zu sechshundert Scudi kostet. In Kairo, Persien oder Konstantinopel gelangt solch kostbare Ware oft gar nicht auf den Sklavenmarkt, sie wird direkt an die reichen Honoratioren sowie an den Serail verkauft.

Der Oberste Schwarze Eunuch im kaiserlichen Harem ist eine sehr einflußreiche Persönlichkeit. Er ist die rechte Hand der Sultaninmutter, deren vertrauter Bote und kann ohne Vermittler an den Sultan herantreten, ein Privileg, das nur wenigen vorbehalten ist.
Paul Rycaut, *Istoria dello Stato presente dell‹Imperio Ottomano*, Venedig 1672. Venedig, Biblioteca Nazionale Marciana.

Es gibt verschiedene Verschneidungsmethoden, die alle mehr oder weniger geheimnisumwoben sind. Einigen Kastraten werden sowohl die Hoden als auch der Penis abgeschnitten, die Wunden werden mit kochendem Öl kauterisiert. Will er urinieren, so verwendet er eine Kanüle, die er im Turban versteckt hält, wie Paul Rycaut berichtet. In anderen Fällen werden nur die Hoden entfernt oder so zertrümmert und zerquetscht, daß die Samendrüsen einen irreparablen Schaden erleiden.

Die körperlichen und psychischen Folgen der Verstümmelung sind je nach dem Alter, in dem diese vorgenommen wird, unterschiedlich. Vor der Pubertät zieht die Operation, sofern sie zumindest einigermaßen fachgerecht durchgeführt wird, geringere Folgen nach sich. Nach der Pubertät steigt die Lebensgefahr stark an. Zudem bleibt die Erinnerung an den Kastrationsvorgang stets lebendig, der Betroffene empfindet einen irreversiblen Verlust. Auch hinterläßt die erlittene Grausamkeit im Eunuchen oft Rachegefühle und Groll gegen die Familie und die ganze Menschheit, welche sich mit heftigen Minderwertigkeitsgefühlen vermischen.

Von Charakter sind die Eunuchen aufdringlich, rachsüchtig, grausam, arrogant, gleichzeitig aber auch einfach, naiv und kindlich. Selten drückt ihr Gesicht Freude aus, oft Wut oder Überdruß. Die körperlichen Folgen der Entmannung sind ganz eindeutig: Sie haben eine weibliche Stimme und sind so »feist, rund, weichlich, glänzend« – so nennt de Amicis sie in seinem ›Constantinopel‹ –, daß man meint, sie seien »aufgebläht wie Vieh«. Die Kastration kann auch zu Schlaflosigkeit sowie zu einem Verlust des Seh- und des Erinnerungsvermögens führen.

Eunuchen trinken sehr wenig Alkohol, sie lieben Süßigkeiten. Sie mögen Kinder und Tiere, doch sind sie auch habsüchtig und gierig auf Geld, das sie mit großer Anstrengung anhäufen, vielleicht, um sich mächtig zu fühlen und ihrer eigenen Gefühlsleere Herr zu werden. Sie lieben Musik und Tanz, und vor allem die Afrikaner bleiben den Rhythmen und dem Geist ihres Heimatkontinents verbunden.

Stets sehr elegant, sauber und teuer gekleidet, geben und parfümieren sie sich wie eitle Damen. Wenn sie in einen Serail eintreten, erhalten sie einen neuen Namen. In Anspielung auf die Damen, die sie bewachen, nennt man sie Hyazinth, Rose, Narziß, Nelke, man soll an Blumenduft, Jungfräulichkeit und Reinheit denken.

Trotz aller Vorsichtsmaßnahmen der unglaublich eifersüchtigen Türken verhindert der Einsatz von Eunuchen zur Bewachung der Frauen nicht alle Gefahren. Durch das Kastrieren geht nicht unbedingt jegliches sexuelle Begehren verloren. Ein nicht perfekt kastrierter Eunuch kann durchaus Wollust empfinden und das, ohne daß die Sorge vor einer Kindszeugung bestünde – ein gewiß nicht zu mißachtender Vorteil in den heimlichen Beziehungen mit den ihnen anvertrauten Frauen.

Auch geschieht es manchmal, daß junge Männer, die im Kindesalter kastriert wurden, später nochmals das erzeugen, was man ihnen genommen hat. Um also unerwünschten Überraschungen zuvorzukommen, prüfen die Ärzte im Serail nicht nur eingehendst den Neuankömmling, bevor sie ihn zulassen, sondern sie führen auch regelmäßig, alle zwei Jahre etwa, neuerliche Kontrollen durch. Da die Eunuchen mit der Außenwelt in Kontakt stehen, können sie sich jedoch Aphrodisiaka besorgen sowie andere erotische Gegenstände, um gegen den durch die Verstümmelung erlittenen Mangel Abhilfe zu schaffen.

Die Eunuchen – die Hüter der Glückseligkeit

Eines Hinweises bedürfen sie nicht, man erkennt sie an ihrem Aussehen. Sie tragen einen Fez, einen langen, dunklen Umhang, Hosen europäischer Machart und eine Peitsche aus Nashornleder. Diese ist das Abzeichen ihres Amtes. Sie gehen mit langen Schritten einher, weichlich, wie große Kinder. Sie begleiten die Damen zu Fuß oder zu Pferde, vor und hinter den Kutschen, mal einer, mal zwei, mit stets wachsamen Augen, die beim geringsten Blick oder der unehrerbietigen Geste eines Vorüberkommenden sofort einen Ausdruck raubtierhafter Wut annehmen und Angst und Abscheu einflößen. Ich kann mich nicht erinnern, daß ich je einen von ihnen hätte lachen sehen.

De Amicis, *Constantinopoli*, 1877

In der dürren Luft des Serails umgeht man den kontinuierlichen sexuellen Entzug mit »gewissen Vertraulichkeiten, die die Natur verurteilt«. In den Frauengemächern blüht die homosexuelle Liebe, insbesondere unter den jüngeren Bewohnerinnen, die vor strengen Züchtigungen nicht zurückschrecken und ihre Leidenschaften, trotz aller Wachsamkeit der alten Eunuchen, nicht zügeln. Ohnehin finden die Laster Sodoms im Osmanischen Reich auch unter den Sultanen selbst ihre Anhänger, die aus ihren Neigungen kein Hehl machen. Mit der für die Venezianer typischen Schroffheit beschreibt der Sekretär Marcantonio Donini zum Beispiel den fetten, der Prasserei verfallenen Sultan Selim II., der sich »Frauen und Burschen herführen läßt, die ihm gefallen«, seien sie nun einverstanden oder eben mit Gewalt. In einer solchen Umgebung entstehen auch Zuneigungen zwischen Frauen und Eunuchen. In einigen Fällen erlaubt man ihnen, zu heiraten und außerhalb des Harems zu leben, doch handelt es sich fast immer um Eunuchen, die auf der sozialen Skala sehr weit oben stehen.

Die schwarzen und die weißen Eunuchen versehen im Topkapı unterschiedliche Ämter. Sie leben getrennt und haben nur zu besonderen Anlässen Kontakt zueinander. Die weißen Eunuchen stehen im Dienst des Sultans und werden bei Hof zusammen mit den jungen Männern des Außendienstes *(acemi oğlan)* erzogen. Sie wohnen im dritten Hof in einigen Gebäuden, die auf das ›Tor der Glückseligkeit‹ blicken. Ihr oberster Leiter ist der *kapı ağası* oder Großmeister. Der Oberste Weiße Eunuch führt die Botschafter zur Audienz, unterbreitet Schriften und Dokumente und begleitet seinen Herren überallhin. Durch den engen Kontakt mit dem Sultan und die Vertrautheit befindet er sich in einer Stellung von höchster Autorität und Ansehen.

Eine Edelfrau geht in Begleitung ihres schwarzen Sklaven spazieren.
George De La Chappelle, *Rucuel de divers Portraits...*, Paris 1648. Venedig, Biblioteca Nazionale Marciana.

Unter den weißen Eunuchen herrscht eine präzise Rangordnung, die ältesten und erfahrensten betreuen den Kaiser höchstpersönlich. Die anderen sind zuständig für die Gegenstände, die aus allen Teilen des Reichs am Hof eintreffen. Graue Ambra aus dem Jemen, Moos und Theriak aus Kairo, Balsam, Erden, Achate, Türkise, Jaspis und Kristalle von höchstem Wert, Seide aus Bursa, Musselin und Stoffe aus Indien. Ihr Aufgabenbereich endet jedoch vor der Tür zum Frauenviertel, sie sind also nicht für den gesamten Palast zuständig.

Den Harem bedienen ausschließlich schwarze Eunuchen aus Afrika. Auswahlkriterium ist Häßlichkeit und Mißgestaltung, damit die Frauen jegliches Interesse an ihnen verlieren. Oftmals schickt der Gouverneur aus Kairo sie als Geschenk, danach werden sie einer strengen Auslese unterworfen und nur die vollkommen verschnittenen jungen Männer werden schließlich im

Rechte Seite:
Der als Zypresse dargestellte Lebensbaum ist das Motiv einer glänzenden Fayencenwand im Hof der schwarzen Eunuchen.
Istanbul, Topkapı.

Der Oberste Schwarze Eunuch des Topkapı in einem wertvollen, mit Pelz besetzten Kaftan. Er trägt den Titel eines Pascha a tre code**, erhält eine üppige Apanage und kann für den eigenen Bedarf Eunuchen und Sklavinnen halten.
Raccolta di 120 stampe..., Venetiis 1783. Venedig, Biblioteca Nazionale Marciana.

ihnen vorbehaltenen Bereich des Harems zusammengepfercht. Man erzieht sie mit schärfster Disziplin, mit Prügel und Härte erlernen sie die Aufgabe erfüllen, die ihnen zugedacht ist. Sie müssen diejenigen Personen kontrollieren, die den Harem betreten und ihn wieder verlassen sowie die Frauen auf ihren seltenen Ausflügen aus dem Palast begleiten. Darüber hinaus sind sie Mittler zur Außenwelt, tragen Briefe und Befehle in den *selamlık* und zu den Würdenträgern bei Hofe.

Die Institution der schwarzen Eunuchen regelt eine komplizierte Hierarchie. Ganz oben steht der Vorsteher der Mädchen oder *kızlar ağası*, die rechte Hand der Königinmutter und Minister für die Außenbeziehungen der Sultanin. Er hat zahlreiche Pflichten: Er ist Mitglied des Rats, und im Einvernehmen mit der valide besetzt er die leeren Stellen im Harem; er überwacht die Erziehung der Prinzen und der jungen Mädchen; er ist der vertraute Bote der Königinmutter und kann ohne Mittelsmänner an den Sultan herantreten, ein Privileg, das nur sehr wenigen zusteht; auch versieht er das lukrative Amt des Inspektors über die religiösen Stiftungen *(vakıf)* und ist der Chef der Hellebardiere *(baltacı)*; er besorgt die Belieferung des Harems mit Odalisken; er spricht Verurteilungen aus und ist zuständig für die Exekution der Frauen, die sich eines Verbrechens schuldig gemacht haben.

Der Oberste Eunuch trägt den Titel eines Pascha mit drei code** = Schwanz, Schweif, Schleppe?? und kleidet sich mit einem wertvollen, pelzbesetzen Gewand. Er erhält eine ansehnliche Apanage, hat dreihundert Pferde für sich allein und kann Frauen und Eunuchen als Sklaven halten. Seine Stellung ermöglicht es ihm, mit mehr oder minder rechten Mitteln ein riesiges Vermögen anzuhäufen. Nur selten wird er sein Amt aus eigenem Willen aufgeben; in einem solchen Fall gesteht der Sultan diesem Sklaven eine reichliche Rente zu und sendet ihn nach Ägypten, wo er bis zu seinem Tod ein glanzvolles Leben führen kann. Trotz des hohen Amts, das sie innehaben, handelt es sich auch bei den Obersten Eunuchen doch fast immer um Menschen ohne jegliche Bildung.

In der Rangordnung kommt nach dem *ağa* der Schatzmeister oder *hazinedar aga*, der für die Finanzen des Harems und das Hellebardierenkorps zuständig ist. Auch er trägt den Titel eines Pascha mit drei code**, und er tritt die Nachfolge des *kızlar ağası* an, sollte dieser sterben oder des Amts enthoben werden. Auf diesen folgt der *baş musahib*, der Kämmerer, der als Mittelsperson zwischen dem Sultan und dem *kızlar ağası* auftritt. In des Kämmerers Dienst stehen acht oder zehn Eunuchen, deren Aufgabe es ist, Befehle und Botschaften des Sultans an seine Damen zu überbringen. Von Bedeutung ist auch die Kompetenz des baş *kapı oğlan*, also des Obersten Hauptmanns. Dieser kontrolliert zusammen mit seinen Assistenten die Appartements.

Solange das politische und gesellschaftliche Gefüge im Osmanischen Reich intakt war, blieb auch die Macht der Eunuchen eingeschränkt. Gegen Ende des 16. Jahrhunderts kommt es jedoch zu einer Tendenzwende. Die Sultane regieren nicht mehr persönlich den Staat vom Kaiserpalast aus, nehmen nicht mehr an den militärischen Initiativen teil, tragen weder zur Förderung von Kunst noch Kultur bei, sie halten sich von den Regierungsgeschäften fern, um sich voll und ganz den Annehmlichkeiten des Harems und eines zügellosen nichtstuerischen Lebens hinzugeben. Die Zeiten scheinen endgültig vorbei, in denen der Himmel diesen Staat, dem er einst solche Gunst zugestanden hat, mit keinem Schatten trübt. Von nun an erfährt die Hohe Pforte, was Korruption ist, was Mißregierung sowie wirtschaftliche und institutionelle Krisen sind. Nach und nach entgleitet die Macht den Händen der Sultane und landet in denen der Hofkaramilla. Im 17. Jahrhundert regieren die Eunuchen und die *valide*.

Im 19. Jahrhundert weht ein Erneuerungsprozeß durch den Halbmond, bringt von Westen Innovation und Fortschritt. Der unfähige und korrupte

Rechte Seite:
Diener und Beamte der Hohen Pforte: oben der Oberste Koch und weiteres kaiserliches Küchenpersonal. Unten ein »Pascha im dreigeteilten Mantel.
Giulio Ferrario, *Il costume antico e moderno...*, Mailand 1828. Venedig, Biblioteca Nazionale Marciana.

Staatsapparat wird verjüngt. Mit den »Glücklichen Reformen« eines Reichs vor seinem Untergang verfällt die Macht der Eunuchen, die den Wandel argwöhnisch und besorgt registrieren müssen.

In diesem Zusammenhang wird eine bezeichnende Geschichte erzählt, die sich zu Ende des vergangenen Jahrhunderts ereignet hat. Ein Eunuch begleitet zwei Frauen aus dem Kaiserharem, die Einkäufe tätigen wollen. Da begegnet die Equipage auf der Galatabrücke einem französischen Offizier zu Pferde. Die beiden Frauen, angesteckt von dem freiheitlichen Klima, das man seit einiger Zeit in Konstantinopel genießt, grüßen ihn kokett mit einem Handkuß. Der Offizier erwidert den Gruß. Der Eunuch bemerkt diese Episode, schlägt den Offizier mit der Peitsche, dieser holt sein Schwert hervor und tötet ihn ohne jegliches Zögern inmitten des verblüfften Volks. In anderen Zeiten hätte ein solcher Vorfall tragische Folgen gehabt, doch in diesem Fall laufen die Dinge ganz anders: Die Osmanenregierung ist mit der Erklärung des französischen Oberbefehlshabers einverstanden, der das Handeln seines Untergebenen rechtfertigt, denn schließlich sei der Offizier von einem Neger beleidigt worden und habe sich verteidigen müssen.

Da sie nun die Kontrolle über die Politik verloren haben, müssen sich die Eunuchen damit begnügen, den Besucherinnen, die in den Harem wollen, den Zutritt zu erlauben oder zu verweigern, und die Damen zu begleiten, die, von den Reformen ermuntert, immer öfter die großen Basare der Stadt besuchen und einkaufen wollen. Als schließlich zu Beginn dieses Jahrhunderts die Gynäzeen durch Gesetzesregelung abgeschafft werden, verlieren die Eunuchen ihre Aufgaben, verfügen unverhofft über keinerlei Privilegien mehr und über keine Macht. Vom einflußreichsten bis zum letzten aller Diener sind sie von nun an wieder Opfer.

Blumen und Früchte für die Odalisken des Harems, die ein kaiserlicher Page serviert.
Costumi orientali, 17. Jh. Bologna, Biblioteca Comunale dell'Archiginnasio.

Folgende Doppelseite:
Europäische Extravaganz und islamische Möbel in der Residenz von Sait Halim, Zeugen der Ambivalenz der Osmanen, die ab dem 18. Jh. auch in der Politik zwischen Modernität und Tradition hin- und herschwankten.

Das Haus der Glückseligkeit

Rauchen ist eines des grundlegenden Bedürfnisse der Türken, die für Tabak bester Qualität keine Kosten scheuen. Konstantinopel sei ständig von einer Rauchwolke umhüllt, schreibt der Reisende Théophile Gautier. Dies gilt auch für diese charmante Odaliske, die alle Schleier abgelegt hat.
Jean Lecomte du Nouy, *Die weiße Sklavin*, 1888.
Nantes. Musée des Beaux-Arts.

Tafelfreuden: Speisen, Süßigkeiten und Sorbets

Im kaiserlichen Serail ist das Essen nicht eine nebensächliche Tätigkeit, sondern ein formidabler Genuß, der durch ein kompliziertes Ritual angenehm bereichert wird. Im Reich des Halbmonds muß sich ein Großteil des Volkes mit einfachen, groben Speisen begnügen, Kürbisse, Melonen, und frisches Obst im Sommer, Reis und Suppen im Winter, doch der Tisch der Kaiserfamilie ist mannigfaltig und edel gedeckt.

Die Verproviantierung der Hauptstadt wird durch eine protektionistische Politik gefördert. Die Metropole ist somit das Verbrauchs- und Verteilungszentrum der Waren, die aus allen Himmelsrichtungen des Kaiserreichs hier zusammenfließen. Die besten Erzeugnisse gehen an den Hof. Jeden Tag beliefern ein weites Netz von Händlern und viele Dörfer um Konstantinopel, die direkt vom kaiserlichen Besitztum abhängen, den Chef der Sultansküchen. Zu den Grundnahrungsmitteln kommen noch die vielen aus dem Ausland eingeführten luxuriösen Leckerbissen.

Im Topkapı verspeist man täglich das Fleisch von einhundert Lämmern und zweihundert Hammeln, die aus dem Balkan, den Hochebenen Anatoliens und aus dem Taurus Ziliziens herangeschafft werden, sowie zweihundertdreißig Hühner, Hähnchen und junge Gänse aus Thrakien und Izmit. Rindfleisch wird nicht besonders geschätzt, nur ein bestimmtes Stück, das man aus tragenden Kühen herausschneidet, salzt und trocknet und dann ein ganzes Jahr in großen Trögen aufbewahrt. Öl kommt aus Griechenland, doch nehmen die Odalisken nur das leichte, geruchlose aus Kandia. Der Honigverbrauch der ›Hohe Pforte‹ ist sehr hoch, denn mit Honig werden auch Speisen gesüßt, nicht nur Kompott und Sorbets. Dieses wertvolle Erzeugnis, das den Zucker ersetzt, gehört zu den Naturaliengeschenken, die die Vasallen in der Walachei, Transilvanien und an der Moldau dem Sultan jährlich schuldig sind. Butter wird nur selten frisch verwendet, sie kommt vom Schwarzen Meer, wo man sie in

Mit Edelsteinen verzierte Kanne im Nomadenstil. Istanbul, Topkapı.

großen Rinderherzen kocht. Kekse und Konfekt stammen aus Venedig, doch die Damen bei Hof sind besonders gierig auf die feinen Käsesorten aus Piacenza und der Lombardei, die der venezianische Bailo in großen Mengen besorgt.

Zitronen, Orangen und Zedern kommen aus Chios, die Datteln aus Asien, Salz aus Ägypten, Kirschen aus Pontos, Pfirsiche und Aprikosen aus Sinope, Birnen und Feigen vom Bosporus, Hülsenfrüchte, Gewürze und kandierte Früchte aus Alexandria, der Joghurt aus der Umgebung von Istanbul. Fisch verspeist man nicht regelmäßig, doch stehen natürlich Seezungen und Makrelen, kleine Thunfische und Hummer, Austern und Krebse zur Verfügung. Gleiches gilt für das Wild von den Prinzeninseln und aus dem Belgrader Wald in der Nähe der Hauptstadt, doch die Türken lieben auch Wild nicht besonders.

Diese maßlose Nahrungsmittelflut landet in den verschiedenen kaiserlichen Küchen, in denen Köche und Lehrlinge ununterbrochen arbeiten, um alle Wünsche ihrer Herrinnen so schnell als möglich befriedigen zu können. Die schwarzen Eunuchen bringen die Speisen für die kanonischen Mahlzeiten in den Harem, die man morgens, mittags und abends einnimmt. Den Sultaninnen werden die Speisen nicht auf goldenen Tellern serviert – das sind Märchen, die man über den Orient erzählt –, und selbst der Sultan beachtet die Verbote des Korans, auch wenn es bei Hof Service von seltener Schönheit auch aus Gold und mit Edelsteinen besetzt gibt. Die Damen speisen von verzinnten Kupfertellern oder Porzellantellern, die peinlichst gesäubert werden. Besteckt verwendet man nicht. Bis zur Herrschaft Mahmuts II. zu Beginn des 19. Jahrhunderts ißt man mit den Händen.

Die Mahlzeiten des Sultans

Naht für den Türken die Stunde des Essens, so bereiten die jungen Männer aus der geheimen Speisekammer zwei Decken in einem Korb vor, und Brot für den Sultan, sie füllen Silbergefäße mit vielerlei türkischen Getränken, also Sirup, in Wasser aufgelöster Zucker, und andere mit Mastix gereinigte Wasser, und auf ähnliche Weise, ohne eine andere Anrichte zu schmücken, bereiten sie viele Teller aus Porzellan, darauf andere Gerichte mit Pfefferminz, Veilchen und anderen Gewürzen, und Früchte kandiert mit Zucker auf deren eigene Weise, und sie bringen all diese Dinge in das Zimmer, in dem der König zu speisen wünscht. Der Sultan setzt sich auf den Boden auf die Teppiche, wobei er ein Bein unter das andere schiebt, und der Diener auf den Knien vor ihm bedient ihn. Will der Herr trinken, so reicht ihm einer der drei jungen Favoriten einen Kelch, der aus der Rinde des indischen Nußbaums gemacht und mit Goldreifen zusammengehalten ist. Der Sultan speist immer allein und niemand anderes betritt das Zimmer. Auch speist er niemals von Gold, auch nicht von Silber, obwohl er prachtvolles Geschirr besitzt. Ist es Sommer, so speist er gewöhnlich dreimal, also am Morgen, am Mittag und am Abend; und im Winter ißt er zweimal. Und nach der Mahlzeit schaut er sich für ein wenig Vergnügen die Hofnarren an, die ihn ergötzen, und dann geht er schlafen.

Menavino, *I costumi de' Turchi*, 1551

Kanne mit Tablett.
Istanbul, Topkapı

Vorhergehende Doppelseite:
Die Kamine und die kleinen Kuppeln der Küchen des Topkapı überragen die endlose Stadt Konstantinopel, die Stadt der Träume, die Perle des Orients.

Mit den Händen essen ist eine Kunst, auf die sich die Odalisken mit Anmut und Feinheit verstehen. Die türkischen Gerichte erfordern jedoch nicht unbedingt die Verwendung von Besteck. Zartes, wohlzubereitetes Fleisch wird immer in kleinen Happen serviert, Brot wird als Gabel verwendet, mit der man die Speise vom Teller nimmt, nur wenn man Suppen oder Sorbets schlürft, verwendet man große Löffel aus Holz oder Schildkröte. Nach Abschluß des Essens bringen die Dienerinnen eine Schüssel, in der man sich die Hände wäscht.

Im kaiserlichen Harem, wie auch in jeglicher osmanischen Behausung, gibt es keinen eigens für das Essen eingerichteten Raum. Im Sinne des Nomadenlebens besteht das Haus aus einem einzigen Raum, in dem alle Tätigkeiten des täglichen Lebens verrichtet werden. Das Dienstpersonal bringt die Speisen in den Pavillon, in dem die Frauen sich befinden. Als Tische dienen große Tabletts, die man *tabla* nennt und die auf niedrige Hocker aufgelegt werden. Tischdecken gibt es nicht, doch verwendet man reich bestickte Tücher als Servietten, und unter dem Tisch breitet man ein Tuch aus.

Die Tischgäste sitzen im Schneidersitz auf dem Divan, kleinen, breiten Sofas, die man nachts oder bei Bedarf in Betten verwandelt. Das Essen ist ein Moment des Beisammenseins, und oft laden die Sultaninnen die Freundinnen zu einem gemeinsamen Essen ein. Wenn der Monarch ganze Tage im Harem verbringt, dann nimmt er am Bankett seiner Lieblingsfrauen und Odalisken teil. Doch in der Regel ißt er seine Mahlzeiten allein, ohne dabei mit irgend jemandem zu sprechen. In seltenen Fällen darf der Arzt mit an seinem Tisch speisen. Öfters unterhalten ihn Stumme und Hofnarren.

Die Speisen werden nacheinander aufgetragen. Die Liste ist lang, denn die Osmanen lieben es, an verschiedenen Gerichten herumzuknabbern, statt sich an wenigen Dingen sattzuessen. Auch bei Tisch ist an die Stelle der Genügsamkeit der asiatischen Steppen das Raffinement der byzantinischen Gepflogenheiten getreten. Einst getreues Abbild des Nomadenvolks, hat die türkische Küche auf ihrer langen Reise durch die verschiedensten Gegenden des Reichs, die sie bis in die Hochebenen Anatoliens führte, die unterschiedlichsten Einflüsse aufgenommen. Zu den für die mittelasiatischen

Unten:
Kellner servieren zwei gezierten Einwohnern Konstantinopels Pfeife, Kaffee, Konfekt, Weihrauch und Rosenwasser.
Giulio Ferrario, *Il costume antico e moderno...*, Mailand 1828. Venedig, Biblioteca Nazionale Marciana.

Regionen typischen Fleisch- und Reisgerichten *(kebap und pilav)* kamen gefüllte Gemüse oder *dolma* der Seldschuken und die kalten Gerichte in Olivenöl, die die Osmanen erfunden haben.

Fleisch ißt man vorzugsweise gegrillt, doch wird es auch gekocht oder geschmort und mit den verschiedensten Tunken aus Butter, Öl und Äpfeln angemacht. Schmalz und Speck werden nicht verwendet, denn die Moslems dürfen kein Schweinefleisch verzehren. Vielen Gerichten werden Opium, Kohl, Kürbisse, Spinat und Zwiebeln beigemengt. Neben Salaten und Hülsenfrüchten fehlen auf dem Tisch niemals die köstlichen *börek*, ein hauchdünner, mit Käse gefüllter und dann ausgebratener Blätterteig. Auberginen und Zucchini serviert man kalt oder warm, salzig oder süßsauer, gefüllt mit Reis und Fleisch, die zarten Weinblätter benutzt man als Umhüllung für die kleinen *dolma*. Außerdem darf es bei Tisch niemals an in Essig eingelegten Oliven und Gemüsen fehlen, man nennt sie *turşu*. Das Essen wird mit einem *pilav*-Reisgericht abgeschlossen, das Tavernier als das köstlichste Gericht des Orients bezeichnet; in seiner ›Relatione‹, seinem Bericht, liefert er gleich ein genaues Rezept hierfür.

Brot wird auf die verschiedenste Weise zubereitet. Die Brotbäcker des Serails liefern reines weißes Brot für den Gaumen des Sultans, der Sultaninnen und der hohen Würdenträger, mittelmäßig schmackhaftes Brot für die Beamten und solches von mäßiger Qualität für die restlichen Diener bei Hof. Der Weizen wird aus Griechenland geliefert, doch für die kaiserlichen Geschmäcker wird das ausgezeichnete Mehl aus Bursa, einer Provinz Bithyniens verwendet, dort besitzt der Kaiser große Güter. Auf das Brot streut man Opium, Kümmel und andere Gewürze, die es besonders »lieblich« für den Verzehrer machen. Man kennt zahlreiche Brotformen: flachgedrückt und einfach, Pizza mit Butter, auf die man ein geschlagenes Ei streicht, geschmackloses, ganz weißes Brot, das man im Serail besonders liebt – der Reisende Luigi Bassano ist jedoch der Meinung, es sei wie Mörtel zwischen den Zähnen.

Getränke werden nicht während der Mahlzeit serviert, sondern danach. Man verwendet keine Gläser, sondern alle Gäste bei Tisch bedienen sich aus einer großen Kristalltasse, aus der sie mit einem Löffel schöpfen. Im Haus der Reichen trinkt man kein reines Wasser, sondern schmackhafte und anregende Köstlichkeiten namens *serbet*, welche die Europäer so schätzten, daß sie Namen und Erzeugnis übernahmen: Sorbet. Es handelt sich um Zuckerwasser, dem man die Säfte verschiedener Obstsorten und Pflanzen hinzufügt: Zedern, Äpfel, Birnen, Pflaumen, die Blüten von Veilchen, Stiefmütterchen, Rosen, Safran, Pfefferminz und Linden. Die Frauen geben gerne auch andere, wertvolle Essenzen hinzu, Moos etwa, oder graue Ambra und Aloe. Es gibt aber auch Sorbets von kraftvollem Geschmack, die man aus Gerste und Hirse zubereitet, und eines, das mit dem aus einer hufförmigen Pflanzen namens *nilüfer* oder Nenufer gewonnenen Distillat verfeinert wird, eine Seerose mit großen gelben Blüten, die in Seen, Flüssen und in den Wasserbecken der Parkanlagen wächst. Die Sultane ziehen natürlich Sorbets mit Aphrodisiaka vor, die sie vor einem Besuch bei den Sultaninnen trinken. Man erzählt, daß die Würdenträger bei Hof oft heimlich zu

Die Türken essen mit den Händen und kennen das Silberbesteck nicht, abgesehen von einigen Reisenden, die aus Europa diese unbekannten Luxusgegenstände mitgebracht haben. Ihre Küche bedarf keiner Messer und keiner Gabel, man verwendet nur große Löffel, aus denen Suppe geschlürft wird. Hauptgericht ist das Pilaw-Reisgericht.

Jean Lecomte du Nouy, *Die weiße Sklavin, Ausschnitt*, 1888. Nantes, Musée des Beaux-Arts.

Das Rezept für den Pilavw-Reis

Man nehme je nach der Anzahl der Personen so viele Fleischstücke vom Hammel, oder so viele Hühner, oder ebenso viele Tauben. Man koche sie so lange, bis sie halb gar sind, hierauf entleere man alles, also das Fleisch mit der Brühe, in eine Schüssel. Man setze den Topf wieder auf das Feuer mit genügend Butter, die man gut erhitzt, während man das halb gare Fleisch in Stücke schneidet. Dann erhitze man das Fleisch in der Butter, bis es die Farbe eines Bratens annimmt.

Man nehme den vorbereiteten und gut gewaschenen Reis, den man in den Topf auf das Fleisch gibt, so viel, als man meint, daß benötigt würde, und darauf mit einem Löffel die Brühe, die in der Schüssel sich befindet, so viel, bis sie einen Finger breit über dem Reis steht. Man bedecke den Topf, entfache darunter ein helles Feuer, und wenn der Reis eine Weile gekocht hat, dann hole man ein paar Körner heraus, um zu sehen, ob er weich und gar ist, und gieße nach und nach noch einige Löffel von der Brühe darüber, damit alles wirklich gar wird.

Der Reis ist von anderer Qualität als der unsrige, und ebenso der Pfeffer, den man in einem Stück hineingibt. Danach bedecke man den Topf mit einem fünf- oder sechsfach gefalteten Tuch und gebe einen Deckel drauf. Dann brate man nach und nach noch mehr Butter, die hineingegossen werden soll, nachdem man in den Reis mit dem Griff des Löffels Löcher gemacht hat, danach decke man ihne sofort wieder zu, damit er quellen kann und durchtränkt wird, bis man ihn auftischt. Man serviere das Mahl auf großen Tellern, das Fleisch sehr ordentlich darauf gereiht. Dieses Gericht gibt es in weißer Farbe, gelb gefärbt mit Safran, fleischrot, wenn es mit der Farbe des Granatapfelsafts versehen wurde.

Tavernier, *Relatione del Serraglio*, 1682

dem Vorsteher der Sorbets gehen und sich eine Extraportion dieser magischen Getränke holen, die sie mit aufwendigen Geschenken bezahlen. Besonders beliebt im Palast ist auch Kompott, das man aus in Zucker gekochtem Ost bereitet und mit Moos und Ambra würzt. Im ›Haus der Glückseligkeit‹ werden Blüten, Obst und Gewürze in großen Mengen verbraucht, und das für die Verproviantierung zuständige Personal muß dafür Sorge tragen, daß die Spiesekammern immer mit den besten Zutaten wohl gefüllt sind. Die Sorbets werden in Porzellan- oder Kristallgefäßen aufbewahrt. Die Zuckerbäcker sind für ihre Zubereitung zuständig, ihr Hauptquartier liegt über den Küchen. Für die Türken müssen die Getränke fein und vielfältig sein, man schenkt deren Zubereitung mehr Aufmerksamkeit als der der Speisen.

Sorbets trinkt man kalt, und hierfür verwendet man das Eis vom Olymp in Bursa. Der Schnee der Gletscher wird in schwere Stoffe gewickelt und auf Maultieren transportiert. Die Reise bis in den Serail dauert mehrere Tage, und die Bergbewohner, die vom Olymp bis in die übervölkerte Hauptstadt kommen, hält man für wahre Phantasiewesen. So schreibt der etwas verstiegene türkische Reisende Evliya Çelebi, ihr Haupt sei mit einem Turban aus Schnee bedeckt. Neben den Sorbets reicht man auch einen Most aus Rosinen namens *pekmez* und einen anderen namens *hosaf*, den man aus in Wasser gekochten Rosinen, Rosenwasser und Met herstellt.

Nicht nur die süßen Getränke, auch die Süßigkeiten werden von den Zuckerbäckern hergestellt. Sie sind Meisterwerke für Gaumen und Auge, und die Damen verspeisen sie in großen Mengen: Griestorten in Honig getränkt und mit Kokos und Pistazien garniert, komplizierte Suppen aus Feigen, Aprikosen, Weizen, Kichererbsen und Bohnen, die mit Rosenwasser vermischt werden, feinster Pudding mit Mandeln oder in Milch aufgelöstem Hühnerfleisch, mit Honig und Rosinen zubereitete hauchdünne Blätterteige, deren Namen auf die geheimsten Körperteile der Damen anspielen.

Das Essen

Da ich die türkische Küche ein wenig untersuchen wollte, ließ ich mich einfach in eine Trattoria führen, wo jegliches orientalische Gericht angeboten wird, von den köstlichsten Leckerbissen des Serail bis zum Kamelfleisch auf arabische Art und zum Pferdefleisch mit turkmenischer Würze. Man brachte mir etwa zwanzig Gerichte, von denen mir wenig mehr als eine dunkle Erinnerung geblieben ist.

Es gab zahlreiche Gerichte mit Hammelfleisch und Lamm, das in kleine Stückchen zerteilt und so lange gekocht war, daß es fast keinen Geschmack mehr besaß; Fische, die im Öl schwammen, Reiskügelchen, die mit Weinblättern umhüllt waren, in Zucker eingekochter Kürbis, gemischte Salate, Kompott, Eingemachtes, Tunken, mit so vielen Gewürzen angemacht, daß man ein jedes von ihnen an die Artikel des Strafgesetzbuchs für rückfällige Bösewichte hätte anhängen können. Zuletzt ein großer Teller mit Süßigkeiten, ein Meisterwerk eines arabischen Zuckerbäckers, darunter ein winziger Dampfer, ein schimärischer kleiner Löwe sowie ein Häuschen aus Zucker mit vergitterten Fenstern. Insgesamt schien mir, ich hätte in meinen Körper hinein eine tragbare Apotheke entleert.

De Amicis, *Constantimopoli*, 1877

Unter den wachsamen Augen eines Eunuchen unterhält eine Favoritin ihren Herrn mit Musik.
Antonio Baratta, *Costantinopoli effigiata e descritta*, Turin 1840. Venedig, Biblioteca Nazionale Marciana.

Sinneslüste: Kaffee, Tabak, Opium

Im Harem läuft das Leben ohne Hast und begleitet von zahlreichen Sinnesfreuden ab. Die Frauen beschäftigen sich mit Musik, Blumen, feinen Getränken und Speisen, der gelassene Tagesrhythums fördert die Muße, das süße Nichtstun, das Vergnügen eines Gesprächs. Ganz in der besten Tradition des Orients, liebt man weder Hastigkeit noch unnütze Anstrengungen, Aufregung oder gar sich zu bewegen, ohne daß es dafür einen Grund gäbe. In einer so trägen und beschaulichen Existenz schätzt man anregende Getränke und Drogen.

Bei einem Besuch Lady Montagus im Harem von Hafiza, der Lieblingsfrau des Sultans Mustafa, beehrt man sie mit einem glänzenden Empfang. Das Essen besteht aus etwa fünfzig Gängen, die, wie in diesem Land üblich, nacheinander aufgetragen werden, und endet mit einem in chinesischem Porzellan kredenzenten Sorbet. Anschließend schlürfen die Damen und ihr Gast in mit berauschenden Essenzen und Düften von Ambra und Aloe sowie mit Musik erfüllten Räumen Kaffee, den hübsche Sklavinnen in prächtigen japanischen Tassen auf goldenen Untertassen servieren. Es ist Anfang März 1718 und der Kaffee groß in Mode, man schätzt ihn im Orient ebenso wie in Europa.

Eine junge Frau trinkt Kaffee, ein Ritus, den man im Harem oftmals am Tag wiederholt. *Raccolta di 120 stampe...*, Venetiis 1783. Venedig, Biblioteca Nazionale Marciana.

Als dieses Getränk etwa zwei Jahrhunderte zuvor in die Türkei eingeführt wurde, stand man ihm zunächst skeptisch gegenüber, denn man meinte, es würde den Geist verwirren. Der Venezianer Gianfranco Morosini, der 1585 aus Konstantinopel zurückkehrt, erzählt seinen Mitbürgern mit einer gewissen Bestürzung von der Angewohnheit der Türken, heißes schwarzes Wasser zu trinken, das man »aus einem Samen gewinnt, das sie Caveè nennen, und das, so sagen sie, die Fähigkeit besitzt, den Menschen wach zu halten«. Diese *saluberrima potione* erntet jedoch schon bald großen Erfolg, und trotz des Widerstands der gläubigen Moslems und der Verbote einiger Sultane eröffnet man in Istanbul Probierstuben. Durch die Vermittlung des Halbmonds wird Kaffee in Europa zunächst als Heilpflanze verkauft, doch binnen kurzer Zeit entwickelt er sich, insbesondere in Frankreich und Venedig, zu einem Lieblingsgetränk.

Im Harem ist das Kaffeetrinken ein angenehmer Ritus, den man mehrmals am Tag vollzieht. Die Damen liegen auf den breiten Sofas, im entspannenden Ambiente der Bäder oder nach dem Mittagessen, während des Tages, oder während der langen Nächte und trinken das schwarze Getränk, das jedoch nie zum Frühstück serviert wird. Die Bereitung des türkischen Kaffees aus feinst gemahlenen Bohnen, kaltem Wasser und Zucker ist eine Kunst, die die Odalisken erlernen müssen.

Wird der Kaffee bald zu einer allgemeinen Angewohnheit, so hat man doch eine ganz andere Haltung gegenüber den alkoholischen Getränken, die den Mohammedanern offiziell verboten sind. Für Frauen gilt es als besonders unschicklich, Wein oder Likör zu trinken. Wein wird heftigst verdammt bis zu den Zeiten des Sultans Süleyman, der nicht davor zurückschreckt, die Fässer verbrennen zu lassen. Trotz aller Verbote und Zölle kann das Weintrinken nicht unterbunden werden, und in Istanbul gibt es

Rechte Seite:
Es gibt goldene, silberne und Stahlnargilehs mit Ziselierungen, so elegant, wie antike Vasen, mit Türkisen, Korallen und anderen Steinen verziert. Aus diesen Meisterwerken raucht man einen duftenden Tabak, der lange Stunden glücklicher Benebelung bewirkt.
Ange Tissier, *Eine Algerierin und ihre Sklavin*, 1860.
Paris, Musée National des Arts d‹Afrique et d‹Océanie.

Ob zuhause oder auf der Straße, ob Mann oder Frau, alle rauchen von klein an Pfeife und das Nargileh.
Turchia Album di 62 foto, s.d.
Venedig, Biblioteca Nazionale Marciana.

Folgende Doppelseite:
Auguste Renoir, *Odaliske*, 1870.
Washington, National Galery of Art.

bereits zu jenen Zeiten viele Kneipen und Tavernen. Und nicht nur das Volk trinkt Wein, sondern auch hohe Persönlichkeiten: Der unglückliche Prinz Chem, Gefangener am Hof des Papsts, ertränkt seinen Kummer über das Leben in Unfreiheit im Wein. Baqi, der Sultan der Dichter, lobpreist den Kelch in seiner Dichtung:

> »Es ist der Vers des Baqi, ein Kelch, der die Erde ganz umkreist
> und es ist Baqi, er, der Giami der Zeit, der bei dem Fest nach dem
> Kelch verlangt.«

Mit der Lockerung der allgemeinen Sitten und seit Selim II., der mit dem Zunamen Sarhoş, ›der Säufer‹, in die Geschichte eingeht, hält auch der Wein seinen Einzug in den Serail. Viele Sultane geben den Verlockungen des Kelchs nach. Nach Istanbul gelangen die in den osmanischen Provinzen produzierten Weine, in Thrakien, Smyrna und auf der Insel Tenedos; doch werden auch Weine aus Italien, Frankreich, Spanien und Ungarn eingeführt. Besonders beliebt unter den Alkoholgetränken ist der nach Anis schmeckende *rakı* oder *arak*, man nennt ihn auch ›Löwenmilch‹. Die Produktion überläßt man den Ungläubigen, den Armeniern in Çorlu, die den Alkohol von hier aus im ganzen Land vertreiben. Mit diesem kleinen Trick umgehen die Moslems das Verbot der Herstellung, und der *rakı* – ein erfrischendes Getränk, wenn er mit Wasser vermengt, berauschend, wenn er pur getrunken wird – kann so in großen Mengen vertrieben werden.

Der Tabakverbrauch verbreitet sich ab dem Ende des 16. Jahrhunderts unter der Herrschaft Mehmets III. im Orient. Auf der Straße und im Haus rauchen Männer und Frauen gleichermaßen bereits in jüngstem Alter eine lange Pfeife *(çubuk)* ebenso wie das Nargileh, eine orientalische Wasserpfeife. Süßigkeiten, Sorbets, Kaffee und Tabak sind die notwendigen Zutaten langer Konversationen. So berichtet Pietro della Valle, daß die Türken mit dem Rauch tausend Spielchen treiben, was jedoch nur sie vergnügt, während er es als »eine große Schweinerei« ansieht. Die Damen im Serail verbrauchen große Mengen Tabak. Um ihn süßer zu machen, mischen sie Aloenholz und einen harzartigen Gummi bei, der als Mastix bekannt ist und der aus dem Mastixbaum von Chios gewonnen wird. Dieser Harz von gelber Farbe hat einen aromatischen Geschmack und einen angenehmen Geruch, und man ist der Meinung, er würde das Zahnfleisch kräftigen, Bauch- und Zahnschmerzen heilen sowie Blutungen zum Stillstand bringen. Mastix kann man auch kauen oder Tassen damit parfümieren, bevor man den Kaffee einschenkt.

Um gegen die Langeweile des Palastlebens anzukämpfen, nehmen die Frauen zahlreiche Drogen ein: Theriak oder das heiter stimmende Mittel aus Galen, insbesondere aber Opium, das »fröhlich hält und jegliche Sorge nimmt«. In Kleinasien wird Opium in großen Mengen produziert, man kann es als Infus inhalieren, rauchen oder kauen. Oft jedoch wird ein etwas verfeinertes Präparat angewendet, dem Moos, graue Ambra und andere Essenzen hinzugefügt werden. Im ›Haus der Glückseligkeit‹ gibt man Opium in Pastillenform den Vorzug, denen man den Staub von Perlen, Lapislazuli, Rubinen und Smaragden beimengt. Die meisten Damen kauen ihn lieber, als ihn zu rauchen, denn die Wirkung hält länger an. In den langen durchwachten Nächten, die erfüllt sind von Erinnerungen an die Vergangenheit sowie Angst und Schrecken vor der Gegenwart, mag das »Elixier der Nacht« den im goldenen und doch zugleich bedrückenden Käfig des Kaiserhauses lebenden Frauen die Illusion der Freiheit schenken.

Kleidung auf türkische Art

Eine Odaliske im Glanz ihres jugendlichen Alters, die die Gunst des Sultans erlangt, muß so lange wie möglich attraktiv bleiben, mit allen Mitteln dem unerbittlichen Verstreichen der Zeit entgegenwirken. Die Kunst des Sich-Schön-Machens wird im Serail vielfach ausgeübt, wo man der Natur nachhilft, um zu gefallen und dafür jegliche List anwendet, nicht an Kosten spart für Crèmes und Farben, Juwelen und Kleider, Parfums und Schuhe. Der Sinn der Asiaten für luxuriöse Kleidung und die Erfordernisse prachtvoller offizieller Auftritte bringen erstaunliche Effekte im Palast der »Herren am Bosporus« hervor. Zu jeder Jahreszeit wird die Garderobe vollständig erneuert, keine Prinzessin trägt ein Kleid zweimal.

Die ersten Sultane strengen sich an, mittels Gesetz Schnitt und Farben von Kleidern und Turbanen zu reglementieren, damit der Klassenunterschied auch in den Gewändern deutlich hervortritt. Doch nach der Eroberung von Konstantinopel 1453 wird die Eleganz der Byzantiner nur zu gerne übernommen, und der »Luxuskonsum« nimmt Überhand. Nach den Erzählungen der Reisenden aus dem Abendland tragen Männer wie Frauen, abgesehen von der Kopfbedeckung, mehr oder weniger die gleiche Kleidung, ein Eindruck, der der Tatsache zuzuschreiben ist, daß beide Pluderhosen und lange Hemden anziehen. Sobald die Frauen aus dem Haus gehen, bedecken sie sich mit dem Schleier und einem Übermantel. Diese Gewohnheit, die der Koran vorschreibt, soll jeglicher Versuchung zuvorkommen. Tatsächlich nährt sie jedoch die Phantasie und gereicht auf diese Weise zu noch größeren Martern. So gekleidet, bewegt sich die weibliche Bevölkerung anonym und in absoluter Freiheit. Sollten durch einen Zauber – so schreibt De Amicis – die Schleier alle fallen, würde auch die Vorstellung von der Gleichheit schwinden, und man würde »Türkinnen sehen, die wie asiatische Königinnen gekleidet sind, andere wie Französinnen, wie Kaufmannsfrauen in Prunk und Gepränge, wie Marketenderinnen, Reiterinnen, Griechinnen, Zigeunerinnen«.

Einheitlichkeit vermittelt der *ferace* nur auf den ersten Blick. Formlos und lang bis zur Ferse, ist diese Uniform für den Spaziergang doch recht unterschiedlich gearbeitet. Der Übermantel der Frauen aus dem Volk wird aus schwarzem, ziemlich rauhem Tuch angefertigt, der der Frauen aus der feinen Gesellschaft ist rosa, lila oder von anderer lebhafter Farbe und mit Stickereien bereichert. Im Winter verwendet man Tuch, im Sommer Seide. Diese ständige Maskerade, die Istanbul in eine Theaterbühne verwandelt, wird vollkommen erst durch den Gebrauch des Schleiers *(yaşmak)*.

Er wird aus feinem Musselin gefertigt und besteht aus zwei Teilen: der eine bedeckt den Mund und die Nase, der andere wird um den Kopf gewunden. Im Gegensatz zu den Araberinnen bleiben bei den Osmaninnen die Augen frei. Strengere Regeln gelten für die Damen des Kaisers, die in der klassischen Epoche nur vollkommen verschleiert aus dem Haus gehen. Doch mit den Bräuchen ändert sich auch diese Gewohnheit. Die züchtige Kleidung verdeckt weder den bezaubernden Blick noch die natürliche Grazie der Türkinnen, die sich selbst unter den strengen Blicken der Eunuchen auf Koketterie verstehen. Einmal rücken sie ihre Kleider zurecht, ein andermal lassen sie nachlässig ein feines Tüchlein fallen. Nicht zuletzt mit Hilfe ihrer Kleider haben sie es gelernt, geschickt zu kommunizieren. Die Farben ihrer Gewänder ersetzen

Eine reich verzierte Kanne.
Istanbul, Topkapı.

die Worte: Rosa steht für leidenschaftliche Liebe, Grün für Begehren, Violett für Liebesschmerz, Blau für Hoffnung auf eine Vereinigung, Schwarz für Trennung.

Grundbestandteil jeder türkischen Kleidung ist eine sehr weite Hosen, die über dem Fuß zusammengehalten wird. Die *şalvar* aus feinem Brokat aus Bursa oder Damast in lebhaften Farben wird mit silbernen Blumen bestickt und über eine große Unterhose gezogen, die *dizlik* heißt. Ein langes Hemd mit weiten, schwanzförmigen Ärmeln fällt weich darüber. Es ist aus Wolle, Baumwolle oder aus wertvoller Seide gearbeitet und wird am Hals mit einem auffallenden Schmuckstück zusammengerafft. Vorzugsweise ist es weiß, doch findet man es auch in Rot, Gelb oder Türkis. An den Füßen trägt man Babuschen aus weichem Ziegenleder oder Stiefel aus Maroquinleder, im Haus zieht man leicht gebogene, mit Perlen oder Edelsteinen verzierte Pantoffeln ohne Sohle vor.

Ein wichtiges Kleidungsstück ist der entari, eine auf Taille geschnittene Weste, die, entsprechend der Mode, vorne zugeschnürt, zugeknöpft oder einfach offen gelassen wird. Dieses Korsett wird häufig mit Diamant- oder Perlenknöpfen bereichert. Zuletzt der Kaftan, ein bis zur Ferse reichendes Gewand mit langen Ärmeln, oft ist er aus dem gleichen Stoff wie die Hosen. Die Türkinnen tragen keine Handschuhe. Eine Zierde von großer Bedeutung ist dagegen ein breiter Gürtel aus Seide, Wolle oder Leinen, der praktisch als Tasche verwendet wird. Man kann hier ein Taschentuch oder auch Geld verwahren. An der Machart dieses Stücks läßt sich der gesellschaftliche Status seiner Trägerin ablesen. Die Sultaninnen und die Damen von hohem Rang tragen mit Diamanten und Edelsteinen bedeckte Gürtel, Damen, die sich einen solchen Luxus nicht leisten können, wählen bestickte Stoffe. Alle Frauen, die etwas auf sich halten, müssen jedoch eine mit Diamanten besetzte *agrafe* besitzen, mit der dieser Gürtel geschlossen wird.

Um sich vor winterlicher Kälte zu schützen, tragen die Damen des Serails Kleider aus schwerem Brokat, die an den Rändern mit Zobel und Hermelin eingefaßt und innen ebenfalls mit Pelzen gefüttert sind. Doch nicht nur die Frauen lieben Pelze, die Eunuchen, die Würdenträger, die Sultane tragen ebenfalls ausgefütterte Kaftane, und im Palast scheut man keine Ausgaben, wenn es darum geht, sich die besten Pelze zu besorgen, die aus Rußland über den Hafen von Tana nach Konstantinopel gebracht werden. Auch die Kopfbedeckung besteht im Winter aus mit Perlen geschmücktem Pelz *(kalpak)* oder aus schwerem Samt, im Sommer verwendet man leichtere, glänzende Stoffe.

Wertvolle türkische Stoffe aus dem 16. Jh.
Venedig, Privatsammlung.

Die Finesse der orientalischen Kleidung findet ihren Höhepunkt im Kopfputz, der als der schönste der Welt gilt. Das Haar sollte vorzugsweise schwarz sein, und die Frau »die solches nicht hat« – so berichtet schelmisch Luigi Bassano – »wird Kunst anwenden«, indem sie es mit Henna rot färbt. Mary Montagu erzählt, sie habe bei einer Dame einhundertzehn Zöpfe gezählt, »alle natürlich«. Der englischen Reisenden verdanken wir auch folgende Beschreibung: »Der Aufputz besteht aus einer Kappe ... deren Ende etwas schräg an einer Seite des Kopfes mit einer goldenen Spange befestigt ist und gehalten wird von einem Diamantendiadem oder von einem reich bestickten Tuch. Auf der anderen Seite des Hauptes sieht man ganz glatte Haare, und hier lassen nun die Damen ihrer Phantasie freien Lauf: die eine steckt Blumen hin, eine andere Reiherfedern, kurz gesagt, all das, was ihnen beliebt, doch in den meisten Fällen ist die Mode ein großes Bouquet aus Edelsteinen, mit denen man die natürlichen Blumen nachahmt: die Knospen sind Perlen, die Rosen Rubine verschiedener Farben, die Jasmine sind Diamanten, die Jonquilles sind Topaze, sie sind so wundervoll und elegant zusammengestellt, daß man sich nur schwer so etwas schönes vorstellen kann. Die Haare fallen in voller Länge, Perlen und Bänder sind eingeflochten, immer in Hülle und Fülle.«

Die Türkinnen hegen eine wahre Leidenschaft für Aufputz, für Ringe, Broschen, Armbänder und anderes Geschmeide. Die kaiserlichen Goldschmiede gestalten prächtige Schmuckstücke für die Damen im Palast, und wenn die osmanische Produktion nicht befriedigt, wendet man sich an die Händler aus dem Ausland, bei denen man besondere Gegenstände erwirbt. Die Osmanen besetzen selbst Waffen, Rüstungen und Alltagsgegenstände mit Edelsteinen, die in solcher Fülle angebracht werden, daß das Ursprungsmaterial vollkommen verdeckt wird.

Was zählt, ist ausschließlich der Wert des Gegenstands. Steine von großen Dimensionen werden oft nach »barbarischem« Geschmack ohne jeglichen Schliff aufgesetzt. Man legt mehr Wert auf ihren chromatischen Effekt als auf die Verarbeitung und besetzt auf diese Weise Spiegel, Tassen, Flaschen oder Gegenstände aller Art. Im erlesenen Ambiente des Serails zwischen feinst ziseliertem Hausrat, mit Perlen bedeckten Spiegeln, von Diamanten übersäten Schlafmützen, lässig übers Sofa geworfenen Zobeln, Teppichen aus Isfahan und Brokatkissen wird der Luxus in Hülle und Fülle ausgebreitet, denn hier findet das königliche Leben statt.

Linke Seite:
Verschiedene Moden:
Oben: Damen in Sommer-, Frühlings- und Winterkleidung, daneben eine Dame niedereren Ranges, für die sich mit Pelz versehene Kleidung nicht gebührt.

Unten: Verschleierte Mohammedanerinnen und europäische Frauen.
Giulio Ferrario, *Il costume antico e moderno...*, Mailand 1828. Venedig, Biblioteca Nazionale Marciana.

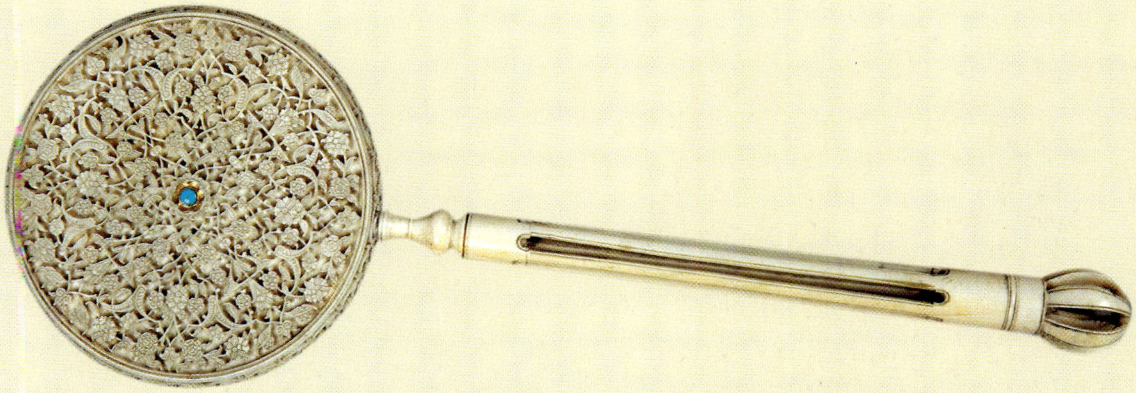

Mit Edelsteinen verzierte Spiegel für die an großen Luxus gewöhnten Haremsdamen.
Istanbul, Topkapı.

Rechte Seite:
Die Leute aus weniger wohlhabenden Kreisen besuchen das öffentliche Bad, die reichen dagegen haben ein solches im Hause.
Jean-Auguste Ingres, *Das türkische Bad*, 1862. Paris, Musée du Louvre.

Unten:
Eine nackte Frau, die sich im hamam wäscht. Die griechisch-römischen Gepflogenheiten blieben im Orient bestehen, denn Waschungen und Körperpflege werden im Koran vorgeschrieben.
Costumi orientali, 17. Jh. Bologna, Biblioteca Comunale dell'Archiginnasio.

Das Café der Frauen

Der beliebteste Zeitvertreib der Türkinnen ist die stundenlange Sitzung im Bad, sich waschen, sich massieren und enthaaren lassen. Die Tradition der Thermen, die in der Antike Mode war, verlor sich im Abendland, wo die christliche Kirche die Verachtung des Körpers predigte. Im Orient blieb sie erhalten. Dort sind Waschungen und die Körperpflege ein Pflichtritual. Aus diesem Grund war zu Zeiten der Osmanen der Bau von öffentlichen Bädern oder *hamam* ebenso wichtig wie der von Moscheen.

Die weniger wohlhabenden Klassen gehen in das öffentliche Bad, die reichen Osmaninnen und die Damen des Sultans haben ein solches bei sich zu Hause. Im kaiserlichen Serail gibt es sehr viele *hamam*, und wie es sich nun einmal für das luxuriöse Leben bei Hof gehört, sind sie mit allem Komfort ausgestattet. Auch die Bauweise des türkischen Bads wurde aus Byzanz übernommen. Die Räumlichkeiten sind nicht so groß wie die der römischen Thermen, die Unterteilung ist jedoch gut durchdacht und die Einrichtung äußerst komfortabel. Die Gepflogenheit der nur mäßig heißen Sauna erlaubt es dem Gast, viele Stunden hier zuzubringen. Die Frauen lassen sich Getränke und Obst bringen, die sie beim allgemeinen Geplauder verzehren.

In den schönen Gebäuden aus Stein, die durch kleine Öffnungen in den Kuppeln erleuchtet werden, widmen sich die Damen der Pflege ihres Körpers. Sie legen die Kleider in einem großen Umkleideraum ab, dem *camekân*, der dem apoditerium der Römer entspricht, verweilen dann im tepidarium, um dort den Körper an die erhöhte Temperatur zu gewöhnen. Schließlich begeben sie sich in das *sıcaklık* oder *calidarium*, einen großen, mit Marmaramarmor oder Keramiken aus Iznik ausgekleideten Raum, an dessen Wänden einige Brunnen eingelassen sind. In der Mitte befindet sich eine Plattform, auf die man steigt, um sich massieren zu lassen. Das kalte und das warme Wasser fließen ständig, und wegen des Aberglaubens, daß im stehenden Wasser die in der moslemischen Welt als *ginn* bezeichneten bösen Geister und Kobolde leben, werden keine Wannen verwendet.

Die Damen sitzen auf niedrigen Marmorbänken an der Wand, werden von den Sklavinnen eingeseift und gewaschen. Die *tellâk*, die Dienerinnen der Badeanstalt, stellen ihre bewundernswerte Kunst des Frisierens unter Beweis, sie flechten Zöpfe, sie bürsten und reiben die Haut mit rauhen Handschuhen. Um das Fett aus den Haaren zu entfernen, verwenden sie den aus einer duftenden Seife und Tonerde *(kil)* bestehenden Schaum, unter den Rosenblätter gemengt

Rechte Seite:
Ein *hamam* in Dolmabahçe, der Residenz der Sultane im 18. Jh. Ein osmanisches Bad besteht aus drei Räumen: einem Eingang, der als Garderobe dient, einem *tepidarium*, in dem eine Übergangstemperatur herrscht, und dem *calidarium* mit Brunnen, Sitzgelegenheiten und einer Plattform in der Mitte für die Massagen.

werden. Den Körper massiert man mit Nelken und Ingwer, nach Meinung der Odalisken ist dieses Präparat zur Steigerung ihrer Verführungskunst höchst wirkungsvoll.

Die schönen, splitternackten, turkmenischen Prinzessinnen verbringen viele glückliche Stunden in dieser angenehmen Umgebung. Sie sind frei vom Puritanismus der christlichen Welt, lassen sich und ihren Körper in einer Atmosphäre der Entspannung und des Nichtstuns gehen, ohne falsche Scham oder unzüchtige Gesten, ohne ihre Anmut oder ihre Mängel zu verstecken, eine Natürlichkeit, die die europäischen Frauen nicht kennen.

Lady Montagu, die auf eine so erregende Erfahrung nicht verzichten will, berichtet mit viel Ironie von ihrem Besuch in einem *hamam* in Adrianopel: »Ich denke, es waren insgesamt etwa zweihundert Frauen, und dennoch gab es nicht eines jener verachtenden Lächeln oder jener ironischen Geflüster, die bei unseren Zusammenkünften niemals fehlen, wenn jemand auftritt, der nicht ganz genau nach der Mode gekleidet ist. ... Die ersten Sofas waren mit Kissen und reichen Teppichen bedeckt, auf diesen saßen die Damen, und auf den anderen hinter ihnen hielten sich die Sklavinnen bereit, jedoch ohne jeglichen Rangunterschied im Aufputz, denn alle waren sie im Naturzustand, um es in gutem Englisch zu sagen: vollkommen nackt. ... Viele von ihnen waren von solch harmonischen Proportionen, wie die griechischen Göttinnen von Tizians Pinsel. Die meisten besaßen eine Haut von blendendem Weiß, einziges Ornament war das herrliche Haar, das in viele Zöpfe unterteilt über die Schultern fiel und in das Perlen und Bänder eingeflochten waren – ein Abbild der vollkommenen Anmut.«

Die englische Edelfrau ist als Amazonin gekleidet. Man überredet sie, sich auszuziehen, und als das enge Korsett zum Vorschein kommt, bedauern sie die Frauen, denn sie meinen, ihr Mann würde sie zwingen, einen Keuschheitsgürtel zu tragen, den man unmöglich aufkriegen kann.

Die Frauen färben sich Haare und Nägel mit Henna. Das gleiche Pulver wird auch verwendet, um die Hände bis zum Handgelenk und die Füße nach der Form der Schuhe zu färben. Nach der moslemischen Religion sind Körperhaare eine Sünde, deshalb enthaaren sich Männer und Frauen am ganzen Körper, sie entfernen auch die Schamhaare. Für diese heikle Arbeit wird eine sehr feine Tonerde verwendet, die sie *ot* nennen. Sie wird auf die durch die Sauna schweißgebadete Haut aufgetragen, doch darf man sie nicht lange auf der Haut lassen, denn sie ist scharf und kann Verbrennungen verursachen. Der Koran schreibt vor, daß diese Aufgabe jeder für sich vorzunehmen habe, doch die Damen bedienen sich auch in diesem Fall ihrer handfertigen Dienerinnen.

Die charmanten Odalisken des Serails sind sicher, daß sie das Geheimnis des Schönseins besitzen. Sie verwenden Crèmes und wunderwirkende Salben,

Was nun den Mekka-Balsam betrifft, so werde ich ihn Euch sicherlich zusenden, aber ihn zu besorgen, ist nicht so leicht, wie Sie denken, und ehrlich gesagt möchte ich Ihnen dessen Anwendung nicht empfehlen. Ich weiß nicht, weshalb er einen so weltweiten Ruhm erlangt hat. Alle Damen aus meinem Bekanntenkreis in London und Wien haben mich gebeten, ihnen ein Töpfchen hiervon zu besorgen. Man hat mir eine geringe Menge der besten Qualität angeboten, und diese habe ich besonders erfreut auf mein Gesicht aufgetragen in der Erwartung einer wunderbaren Wirkung. Am nächsten Morgen war die Wirkung wahrhaft erstaunlich: mein Gesicht war auf außerordentliche Weise aufgedunsen und war von einheitlich roter Farbe. (...) Es blieb drei Tage in diesem mißlichen Zustand. Ich dachte, es wäre endgültig, aber immerhin hat sich mein Gesicht in den frühen Zustand zurückverwandelt. Die hiesigen Damen behaupten zwar, daß die Behandlung es enorm verbessert habe, doch im Spiegel konnte ich davon nichts erkennen. Wollte man diesen Balsam nach deren Antlitz beurteilen, so muß man über seine Wirkung in der Tat ein ausgezeichnetes Urteil fällen. Alle wenden ihn an, und alle haben die blühendste Haut der Welt.

Lady Montagu, *L'islam au péril des femmes,* 1983

Im türkischen Bad gibt es keine Becken, denn man glaubt, im stehenden Wasser befänden sich böse Geister. Zum Waschen verwendet man kleine Schüsseln, die an den Brunnen mit warmem und kaltem Wasser gefüllt werden.
Foggie diverse del vestire de‹ Turchi, 15. Jh.
Venedig, Biblioteca Nazionale Marciana.

wie etwa den Mekka-Balsam, der im 18. Jahrhundert auch die Europäerinnen erobert hat. Die Damen in London und in Paris setzen alles in Bewegung, fragen Freunde und Reisende, nur um an ein kleines Töpfchen dieses wertvollen Erzeugnisses heranzukommen, das Fleisch und Haut entspannt und verjüngt. Die Türkinnen schminken sich gerne und erzielen mit dieser Kunst besondere Anmut. Hals und Gesicht werden mit Hilfe von Mandeln und Jasmin gebleicht, Wimpern und Augenbrauen durch das Auftragen von Tusche verlängert und gefärbt, die Wangen zieren kleine Leberflecke.

Nach der Sauna trocknen sich die Damen mit weichen Leintücher ab, ziehen hohe Holz- oder Perlmuttpantinen an, damit sie sich die Füße nun nicht mehr naß machen und auf dem feuchten Marmorboden nicht ausrutschen, und begeben sich in den Umkleideraum. Dieser weite Raum voller Kissen und Sofas ist das Kaffeehaus der türkischen Frauen. Hier nimmt man Getränke und Sorbets zu sich, man verzehrt Obst und andere Speisen, vor allem aber schwätzt man über die neueste Favoritin des Sultans, bespricht die seltenen Informationen, die die jüdische Händlerin, die Stoffe verkauft, in den Serail trägt, man träumt von der faszinierenden Welt, die hinter den Mauern des Topkapı beginnt, bespricht die heimlichen Laster irgendeines bedeutenden Eunuchen oder einer Odaliske. Die Frauen des Serails praktizieren die homosexuelle Liebe. Von den seltenen Liebesdiensten im Bett des Sultans nicht befriedigt und mit ihrer eigenen Nacktheit vertraut, verbinden sie brennende Liebesverhältnisse untereinander, große Lieben entstehen, die die europäischen Männer mit Verachtung erfüllen; sie schreiben »diese und viele andere Unredlichkeiten« einfach den Badegewohnheiten zu.

Ausschweifungen alla turca

Mit alabasterweißer Haut und einem Lächeln voller Versprechen, die sogleich in Erfüllung gehen, so empfängt die Sultanin den Geliebten in einer luxuriösen, mit asiatischen Kostbarkeiten ausgestatteten Wohnung. In den heimlichen Träumen der Europäer mag so ein orientalisches Liebesabenteuer beginnen. Luxuriös sind sie und bereit sich dem Mann hinzugeben, schön und ein kleinwenig wild, freier als jede andere Frau auf der Welt, die türkischen Frauen lassen der Phantasie freien Lauf. Die Mischung der Rassen brachte Gestalten unterschiedlichster Schönheit hervor: Da gibt es üppige und große Matronen, sie haben dunkle Augen und schwellende Lippen, neben kleinen, pausbäckigen Mädchen mit rundlich gefomten Gesichtern, rundlichen Nasen, Mündern und Armen, Erscheinungen von geschmeidiger Sanftmut ebenso wie kühne und gewandte Frauen mit verschmitztem Blick.

Schön und ein wenig wild, die Türkinnen bezaubern die Menschen aus dem Abendland. Jeder Europäer träumt von einem galanten Abenteuer. *Raccolta di 120 stampe...*, Venetiis 1783.

Die osmanischen Türkinnen geben sich aus Lust oder Rebellion manchmal kokett, antworten mit lächelndem Blick auf die Höflichkeiten eines Verehrers, wagen es womöglich, eine Blume oder ein Tüchlein zu werfen, ganz offensichtlich in der Hoffnung, der Geck, der ihnen da folgt, möge das Geschenk aufheben. Die Osmaninnen sind überschwenglich, gern außer Haus, und wer sich vergnügen will – so meint de Amicis – sollte einmal »irgendeiner von ferne folgen und zusehen, wie sie das Vergnügen des Herumvagabundierens zu verfeinern und zu vervollkommnen versteht«.

Sie besuchen eine Freundin, die am anderen Ende Istanbuls wohnt, gehen auf den Basar einkaufen, auf dem Kajik fahren sie nach Pera in das Geschäft eines europäischen Händlers, dann kehren sie über das Goldene Horn zurück, machen in Eyüp Halt für ein kurzes Gebet in der Moschee, verzehren etwas Süßes auf einem Grab, wie das im Orient üblich ist, wo man nicht zwischen Leben und Tod unterscheidet. Angeregt von den Tausenden von Ablenkungen der Hauptstadt, sind die Osmaninnen gleich Kreiseln stets in Bewegung.

Die ständige Maskerade des Schleiers gibt ihnen Freiheit, und selbst der eifersüchtigste Ehemann hätte einige Schwierigkeiten, den heimlichen Liebschaften seiner Frau nachzustellen. Der Frau, die sich ein nettes Abenteuer leisten will, ist diese Kleidung von Vorteil. Einen jüdischen Händler, der von einem reichlichen Trinkgeld angelockt ihr die Hinterstube seines Ladens zur Verfügung stellt, findet sie allemal. Manchmal kommt den Damen jedoch ihre Unternehmungslust teuer zu stehen. Alsdann findet man in einer kurvenreichen Straße in Pera im fahlen Morgenlicht den noch warmen Körper einer schönen nackten Frau, die in einen rauhen *ferace* eingewickelt ist. In solchen Fällen führt die Regierung einige Nachforschungen durch, findet niemals heraus, wer das

Opfer nun wirklich ist, und es ist Aufgabe der nächsten Verwandten, die Tote zu rächen oder die Affäre mit Geld beizulegen.

Die Türkinnen betören die Männer nicht nur mit ihrer Schönheit, sondern ebenso mit Zaubereien. Sie wollen den Willen und das Herz des anderen auch mittles der Geheimnisse der Magie gewinnen. Um Liebe zu erwecken, greifen sie auf sonderbare Präparate zurück, für jedes Problem gibt es einen besonderen Zaubertrank. Solcher Glaube ist in allen Schichten der weiblichen Bevölkerung weit verbreitet. Die Zukunft voraussagen, die Kabbala, die Schwarze Kunst werden auch im kaiserlichen Harem praktiziert. Dort blühen erstaunliche Legenden über Verzauberungen und Geliebte, die sich in Luft aufgelöst haben. Viele Prinzessinnen, zum Beispiel auch die *valide* Pertevniyel, die im 19. Jahrhundert lebt, haben sich dieser Kunst verschrieben. In den mystischen Zeichen suchen die Frauen Trost gegen die Eintönigkeit und Langeweile des Alltagslebens, und mit Zaubereien und Gebeten versuchen sie, diejenigen Menschen zugrunde zu richten, die sie hassen, oder diejenigen zu erheben oder glücklich zu machen, die sie lieben.

»Diese Frauen können singen, tanzen, lachen, vergnügen, tausend Streiche erfinden. Sie gehen in die Häuser der neu eingetroffenen Botschafter, auf Hochzeiten, zu den Festen zur Beschneidung oder zur Taufe. Diese Frauen sind keine Dirnen, die für Geld tanzen, sie folgen dem Hof des Herrn...«.
George de La Chappelle, *Rucuel de divers Portraits...*, Paris 1648. Venedig, Biblioteca Nazionale Marciana.

Im ›Haus der Glückseligkeit‹ ist die Liebe zu einer äußerst komplizierten Angelegenheit geworden. Und sollte sie auch einmal ohne besondere Kunstgriffe funktionieren, so entspricht sie doch nie einem rein persönlichen Gefühl. Das strenge byzantinische Zeremoniell ist bis in die Schlafzimmer der Altaiprinzen vorgedrungen. An die Stelle der rauhen Liebesspiele des Steppe Mittelasiens treten levantinische Schmiegsamkeiten. Die ›Herren am Bosporus‹ erobern auch in der Liebe niemanden mehr, sie geben schlicht Befehle aus.

Will der Sultan die Nacht mit einer seiner Frauen verbringen, dann teilt er diesen Wunsch dem Vorsteher des Harems mit. Ist er sich seiner Wahl nicht ganz sicher, so werden ihm die Odalisken wohlerzogen vorgeführt, und der Herr betrachtet sie, solange er will. Ein Tuch, das er der Favoritin hinwirft, ist das Zeichen, daß er sich für diese Nacht entschieden hat. Im Serail beginnen nun die Vorbereitungen. Die Auserwählte wird in das *hamam* gebracht, und die Vorsteherin der Bäder und ihre Assistentinnen massieren sie mit ihren erfahrenen Händen, waschen sie, parfümieren sie. Dann wird sie mit raffinierter Unterwäsche ausstaffiert, elegante Kleider und schöner Schmuck werden ihr angelegt. Ein schwarzer Eunuch begleitet sie in das Privatgemach des Sultans, in seltenen Fällen begibt sich der Sultan in das Gemach der auserwählten Frau. Die Eunuchen wachen die ganze Nacht vor der Tür des kaiserlichen Schlafzimmers.

In der schwachen Beleuchtung der Fackeln kann die Favoritin den Herren nur undeutlich erkennen, der sich bereits ins Zimmer zurückgezogen hat. Worte sind überflüssig. Das absolute Schweigen herrscht, jenes Schweigen, das die Orientalen als höchste Form der Achtung betrachten, weil es die zuweilen unziemlichen Worte ersetzt. Das Mädchen nähert sich dem kaiserlichen Bett, hebt, am Fußende beginnend, die Decke mit ihrer Stirn und bewegt sich nun langsam vorwärts, bis sie sich mit dem Sultan aller Sultane auf gleicher Höhe befindet. Nun verliert die Etikette an Bedeutung, und die Odaliske kann all die Künste und die erotischen Spiele erproben, die sie während des einschlägigen Unterrichts erlernt und die sie heimlich mit einer Gespielin oder mit einem Eunuchen erprobt hat.

Im Haus der Glückseligkeit ist die Liebe eine komplizierte Angelegenheit, und auch wenn sie einmal ohne Kunstgriffe auskommt, entspringt sie nicht einem persönlichen Gefühl. Das byzantinische Zeremoniell ist bis in die Schlafzimmer der türkischen Prinzen vorgedrungen, an die Stelle der plumpen Liebesspiele der Steppe Mittelasiens treten levantinische Formen des Liebesrituals.
Frederick Arthur Bridgman, *Odaliske.*
London, Mathaf Gallery.

In der ersten Liebesnacht steht die Existenz der Odaliske auf dem Spiel. Eine falsche Geste, ein winzigkleiner Fehler kann dem Sultan das Treffen verleiden, während eine erfolgreiche Begegnung weitere heißblütige Nächte zur Folge haben kann. Am nächsten Morgen sendet der Sultan der Frau Geschenke – Kleider, Juwelen, Geld – je nach Befriedigung und empfundener Sinnenfreude. Die osmanischen Herrscher besitzen ein sehr großes Frauengemach mit Hunderten von Frauen, sie können sich also jede Nacht eine andere Odaliske aussuchen, und nur sehr selten bindet sie ein festes Verhältnis an nur eine Frau.

Da die Europäer neugierig genug sind, auch die intimsten Details über das Leben bei Hof erfahren zu wollen, spenden sie reichlichst Geschenke und Geld an Eunuchen und jüdische Händlerinnen, die behaupten, sie wüßten über das ›Haus der Glückseligkeit‹ Bescheid, meist geraten sie jedoch an geldsüchtige Betrüger. So hält man lange Zeit die Sitte mit dem Tuch, mit dem der Sultan die Frau aussucht, und auch den Brauch des Hineinkriechens in das Kaiserbett für eine der Lügengeschichten, die die europäischen Schriftsteller immer von neuem erzählen. Lady Montagu dementiert dies, sie berichtet, sie habe lange mit der Witwe eines Sultans darüber gesprochen. Ob es nun wahr oder erfunden ist, sei dahingestellt, am Hof der Osmanen ersetzt das Zeremoniell das Wort. Will man den Geheimnissen des Herzens Ausdruck verleihen oder den entfesselten Liebesphantasien, so wird man lieber auf Symbole oder Gesten zurückgreifen. Man kann mit einer Blume sprechen ebenso wie mit der Farbe eines Kleides. Aber auch dies sind Geheimnisse, die nur die Türken kennen und die sie einem Ungläubigen niemals preisgeben würden.

Eine Odaliske.
Benjamin-Constant, *Moslemischer Prinz*, Ausschnitt. Pau, Musée des Beaux-Arts.

Folgende Doppelseite:
Die für die Nacht ausgewählte Favoritin wird von einem schwarzen Eunuchen in das Appartement des Sultans begleitet. Das Mädchen nähert sich dem Bett, beginnt am Fußende und kriecht langsam vorwärts, bis sie mit dem Sultan auf gleicher Höhe angekommen ist.
Jean-Auguste Ingres, *Die große Odaliske*, 1814. Paris, Musée du Louvre.

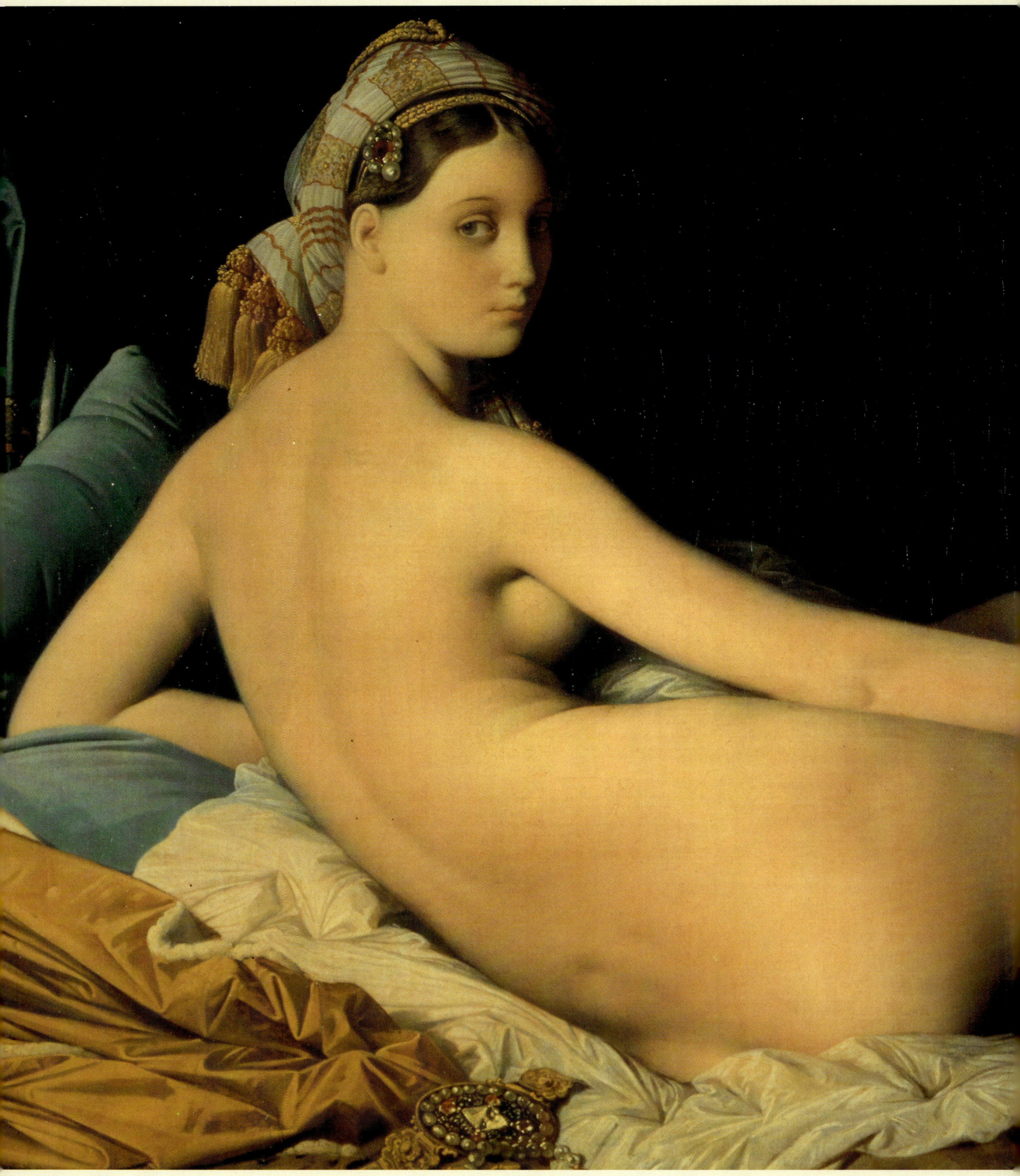

Der Musiksaal des Sultans Selim III.
Istanbul, Aynalikavak.

Spiele im Palast

Am osmanischen Hof wird das Leben aufgeheitert durch eine ganze Reihe angenehmer Unterhaltungen: Musik, Tanz, Theater, Spiele, Turniere, Spazier- und Bootsfahrten geben den Tagen einen Rhythmus und schaffen eine Atmosphäre angenehmer Zufriedenheit. Gemütlich auf dem niedrigen Divan in einem Pavillon oder im geräumigen Theatersaal – dem sogenannten *hünkâr sofası* – sitzend, verfolgen der Sultan, die *valide* und die Prinzessinnen die Tänzerinnen, die sich mit Anmut ihren unkeuschen und verführerischen Bewegungen hingeben. Sie sind mit einem eng anliegenden Gewand bekleidet, das auch die intimsten Körperteile zur Geltung bringt, bestimmen den Rhythmus mit Handklappern, bewegen sich im Takt der harmonischen orientalischen Melodien.

Musik, Gesang und Tanz sind der essentielle Teil der Ausbildung einer Odaliske. In allen Harems werden die Mädchen, die ein gewisses Talent für diese Künste zeigen, gewöhnlich von alten Lehrerinnen unterrichtet, die ihren Mündeln das traditionelle Können vermitteln. Es gibt zahlreiche Instrumente, man spielt Harfe, Violine, den *saz*, ein volkstümliches Musikinstrument mit langem Hals, verschiedene Flöten, Trommeln, *santur* oder Psalter, die Laute, *kanun* oder Zither.

Der Topkapı unterhält es ein großes Orchester, das nur mit Frauen besetzt ist. Die erste Musikergruppe am Hof der Osmanen gründeten gegen Ende des 14. Jahrhunderts der Sultan Bayezit I. mit dem Beinamen ›der Blitz‹ und seine Gemahlin Olivera, eine Prinzessin serbischer Herkunft. Die Türken lieben Musik, und nachdem sie sich in Konstantinopel niedergelassen haben, pflegen sie diese Art der Unterhaltung, die bereits in den byzantinischen Palästen weit verbreitet war. Einige Sultane sind selbst gute Musiker und Komponisten und fördern diese Kunst. Selim III., der zu Ende des 18. Jahrhunderts regiert, verleiht der Musik- und Tanzgruppe eine Neuordnung und beauftragt den Musiker Sadullah mit der Unterrichtung der Odalisken.

Unter den traditionellen Tänzen ist der *köçek oyunu* besonders beliebt. Er wird von Männern in Frauenkleidung aufgeführt. Im Harem tanzen natürlich die Odalisken diesen Tanz in der Tracht des *köçek*, einem voluminösen Rock aus Brokatstoff und einer mit Gold verzierten Bluse. Ein anderer sehr verbreiteter Tanz ist der *tavşan oyunu*, zu dem man schwarze *şalvar* und eine eng anliegende Weste trägt. Diese kraftvollen Pantomimentänze erfor-

Im Topkapı wird Musik sehr geschätzt; dort gibt es ein großes, nur mit Frauen besetztes Orchester.
Costumi orientali, 17. Jh.
Bologna, Biblioteca Comunale dell'Archiginnasio.

Rechte Seite:
Gustavo Simoni, *Die Hofmusiker.*
London, Mathaf Gallery

dern eine gute Beherrschung der Bewegungen. Die Tänzerinnen verschränken die Arme, springen, werfen den Kopf zurück, dabei öffnen sich die Haare, die sie in zwei lose Strähnen unterteilt haben, wie ein Fächer. Die Wirkung solcher Tänze ist wohlberechnet. Ein venezianischer Diplomat, der das Glück hatte, einer solchen Vorführung beizuwohnen, schreibt, die Türkinnen tanzten mit solcher Art und solch zügellosen Bewegungen, daß »selbst Marmor dahinschmilzt.«

Als eine Folge der Modernisierung des osmanischen Reichs und seiner Öffnung nach Westen, insbesondere nach Frankreich, zu Beginn des 18. Jahrhunderts rufen die Sultane Musiker und Ballettmeister aus Europa an ihren Hof. Die Mädchen erlernen nun eine neue Art der Musik und des Tanzes, ohne jedoch ihren asiatischen Kulturreichtum aufzugeben. Diese

Die Mädchen im Harem, die ein musikalisches Talent besitzen, werden von den alten Lehrerinnen unterrichtet, die ihnen die musikalischen Traditionen übertragen. Es gibt eine Vielzahl von Instrumenten, darunter Harfen, Violinen, Trommeln, das Psalterium und die Khitara.
Francesco Ballasio, *Die Musikerin.* Paris, Nataf Galérie.

Veränderungen krempeln das Leben im Serail völlig um. Als sich schließlich zwischen Lehrern und Schülerinnen Gefühle anbahnen, die mit der Musik wenig zu tun haben, gebieten die Sultane, daß der Unterricht nur noch kollektiv und vor den wachsamen Augen der Eunuchen abgehalten wird.

Im 19. Jahrhundert zieht man im Palast die westliche Musik vor, und abgesehen von Mahmut II., der die *gazel*, die traditionelle lyrische Dichtung besonders liebt, rufen alle Sultane ausländische Künstler an ihren Hof. Es kommt die Mode der nach türkischen Melodien komponierten Märsche auf, wie sie Donizettis Bruder schrieb. Abdülmecit I. beruft ihn als Leiter des kaiserlichen Orchesters nach Istanbul. In solchen Kompositionen kommen Trommeln und Flöten reichlich zum Einsatz, die ganz den Geschmack der Moslems befriedigen, ohne jedoch die Empfindsamkeit der Europäer zu verletzen. Die Frauen lernen das Klavierspiel, und in der Stille von Dolmabahçe, wohin der Hof Mitte des 19. Jahrhunderts übersiedelt, erklingen die Noten eines französischen Lieds, das man im Harem spielt.

Bei Hof liegen fast alle Aufführungen in den Händen der Frauen. Ab und zu lädt man einen türkischen oder einen ausländischen Künstler ein – einen Musiker, einen Schauspieler, einen Mimen – die avantgardistische Programme in ihrem Repertoire führen. Die Türken selbst kennen nur eine äußerst simple Form des Schauspiels, ein traditionelles Schattentheater, oder *karagöz* genannt, das eine ergötzliche Karikatur des Türken auf die Bühne bringt. Es handelt sich um ein Possenrepertoire mit zahlreichen Mißverständnissen und lustigen Wortspielen: Man erzählt beißende und schlüpfrige Geschichten und erotische Heldentaten. Solche *karagöz* werden im Serail sehr oft aufgeführt, und die Frauen können diesen sehr freizügigen Schauspielen – die bei den Europäern Anstoß erregen – von einem Rang aus beiwohnen. Um westliches Theater auf die Bühne zu bringen, werden italienische und französische Schauspielgruppen eingeladen. Erst in der zweiten Hälfte des vergangenen Jahrhunderts wird ein türkisches Theater gegründet, das eine armenische Gruppe leitet.

Die Spiele, die die »Herren über den Bosporus« ganz besonders lieben, sind Turniere, in denen das freie Nomadenleben wiederaufersteht. Der Sultan und seine Damen ergötzen sich an den von Pagen und Offizieren veranstalteten Wettkämpfen in den großen Höfen des Topkapı, so zum Beispiel das *cirid*, bei dem junge, mit Speeren ohne Eisen bewaffnete Männer auf arabischen Rossen gegeneinander kämpfen. Die Reiter greifen einander an, oder sie versuchen, einander auszuweichen, indem sie in weiten Kreisen reiten, dabei die Pferde zum Galopp anfeuern oder vorsichtig zurückhalten. So weichen sie dem Speer aus, oder sie reißen ihn im Vorbeiflug an sich; verfehlen sie den gegnerischen Speer, so steigen sie nicht vom Pferd, sondern sie fangen ihn mit einem Haken, den sie am Sattel tragen. Weitere Spiele sind Gruppenkämpfe mit einer Holzkugel, die an einer Schnur festgemacht ist und *tomak* heißt, sowie der Ringkampf zwischen zwei bis zum Gürtel entblößten Männern, die vor dem Kampf ihre Oberkörper mit Öl einreiben.

Die Türken fordern sich zu Wettläufen und Pferderennen heraus, tragen dabei Kleidung in grellen Farben, stellen ihr Können zu Pferde unter Beweis. Die Ringkämpfer stellen kraftstrotzend ihre physische Widerstands-

Beim Turnier mit den Speeren greifen die Reiter ihren Gegner an, oder sie versuchen, ihm zu entfliehen, indem sie die Pferde zum Galopp anfeuern; entweder weichen sie dem Speer aus oder sie reißen ihn im Vorbeiflug an sich; verfehlen sie den gegnerischen Speer, so steigen sie nicht vom Pferd, sondern fangen ihn mit einem Haken, den sie am Sattel tragen.
Giulio Ferrario, *Il costume antico e moderno...*, Mailand 1828. Venedig, Biblioteca Nazionale Marciana.

fähigkeit zur Schau: Sie lassen große Steine auf ihrer Brust zertrümmern, fordern sich zu Kraftproben heraus, zerschlagen mit der bloßen Faust eine Bronzekeule, tragen auf dem Kopf ungeheure Holzsäulen oder balancieren neun Männer auf den Schultern. Das weibliche Publikum zieht die Seiltänzer vor, die hoch oben mit großer Gewandtheit atemberaubende, unglaubliche Kunststücke vollführen.

In der Türkei sind auch Kämpfe mit wilden und Spiele mit dressierten Tieren weit verbreitet, insbesondere mit Elefanten und Bären, die zum Trommelrhythmus tanzen. Die sanften kaiserlichen Odalisken sind vom Gebrüll der Raubtiere im Zoo fasziniert und entsetzt zugleich. Nach den recht unwahrscheinlichen Erzählungen Bassanos sind Tiere in einem Gebäude unter der Rennbahn eingeschlossen, das die Byzantiner als Zisterne benutzt hatten. Sie sind mit Ketten gefesselt, so weit voneinander entfernt, daß sie sich nicht gegenseitig verletzen können. Löwen und Löwinnen, Wölfe, Luchse, Leoparden und Wildkatzen, Bären, Wildschweine, Dachse, Elefanten, Giraffen und sogar – so wird erzählt – einen wilden Mann soll es dort geben, den Bassano jedoch niemals zu Gesicht bekommt.

Die Frauen ziehen diesen gefährlichen Spielen und den deftigen Vergnügungen eine ruhigere Unterhaltung vor, und wenn sie nicht gerade den Sultan zu ergötzen haben, dann spielen sie Schach und Tricktrack, eine Art Backgammon. Später schätzt man auch das Kartenspiel, das unter der Herrschaft Mehmets V. eingeführt wird. Der Zeitvertreib der Odalisken ist einfach: Sie verkleiden sich als Mann, ahmen den Sultan und die Eunuchen nach oder spielen in den Bassins des kaiserlichen Gartens. Ihre Vergnügen erinnern eher an Kinderspiele als an den Zeitvertreib Erwachsener, doch darf man natürlich nicht vergessen, daß das Durchschnittsalter dieser Frauen 17 Jahre beträgt und daß das eingeschlossene und behütete Leben ihr kindliches und naives Wesen fördert.

Aus dem Leben in der Steppe haben sich die Osmanen ein starke Bindung an die Natur bewahrt. Sie lieben Bäume, Blumen, Wasser, das Leben im Freien und können sich an das häusliche Leben und an die engen Räume nicht gewöhnen. Im Kaiserpalast verbringt man den Tag in den Kiosken mitten im Grünen, und auch der höchste aller Herrscher selbst

Die osmanischen Würdenträger ergötzen sich am Spiel mit dem tomak; da kämpfen zwei gegnerische Gruppen mit einer Holzkugel, die an einem Seil befestigt ist.
Giulio Ferrario, *Il costume antico e moderno...*, Mailand 1828. Venedig, Biblioteca Nazionale Marciana.

Vorhergehende Doppelseite:
Den Turnieren und den heftigen Spielen ziehen die Damen ruhigere Unterhaltung vor, wie etwa das Schach- oder das Kartenspiel. Ihre Vergnügen erinnern eher an Kinderspiele als an Divertissements für Erwachsene, doch darf man natürlich nicht vergessen, daß die Frauen im Harem sehr jung sind und daß das eingeschlossene und behütete Leben auch ein kindliches und naives Wesen fördert.
Jean-Baptist Huysmans, *Die Jongleurin.*
London, Mathaf Gallery.

spaziert oft zwischen herrlichen großen und kleinen Parkanlagen mit exotischen Blumen und Jahrhunderte alten Bäumen. Will er mit seinen Odalisken spazieren, dann läßt er mit lauter Stimme das Wort *halvet*, »Rückzug«, erschallen, und sogleich ziehen sich alle zurück, um den Frauen den Weg zu überlassen und die königlichen Hoheiten nicht zu stören.

Aufregung ergreift den Harem, wenn der Herrscher beschließt, eine Spazierfahrt mit der Brigantine zu veranstalten oder einen Ausflug aus der Stadt hinaus zu machen. Um die Wette putzen sich die Mädchen heraus und warten ungeduldig auf die Abfahrt. Besonders nervös sind die Eunuchen, die ja dafür sorgen müssen, daß all die unzähligen Regeln, die das Leben bei Hof bestimmen, eingehalten werden. Handelt es sich um eine Spazierfahrt mit dem Boot, so werden die tiefverschleierten Frauen bis zur Mole gebracht, an der die Schiffe festgemacht haben. Nur durch kleine Gitter können die Mädchen hinaussehen, ohne selbst gesehen zu werden. Wenn eine Spazierfahrt vor die Tore der Stadt auf dem Programm steht, steigen die Damen vor dem Harem in die Kutsche, und während sie durch die Stadt fahren, läßt die Dienerschaft die Straßen räumen, damit nicht ein einziger Neugieriger den Weg der Damen kreuzt oder es gar wagen könnte, ein Auge auf sie zu werfen.

Innerhalb der Mauern der übervölkerten Stadt gibt es zahlreiche bezaubernde Promenaden, an der Peripherie dagegen wunderschöne Gärten mit Wasserspielen, Blumen und Bäumen. Am Ende des Goldenen Horns befinden sich die exklusiven »Süßen Wasser Europas«, ein harmonisches Gefilde voller Vegetation und klarer Gewässer, das sich über mehrere Hügel erstreckt. Ein Kanal bildet kleine Wasserfälle, und hier hat der Sultan einen Vergnügungskiosk. Im 18. Jahrhundert, als die Türkei von der französischen Mode überrollt wird, läßt der Sultan diesen Pavillon erweitern und ausschmücken, während man den Wasserlauf in eine Kopie des Kanals von Fontainebleau verwandelt. Die Damen aus dem Serail sind entzückt von dieser Neuerung und entdecken eine bisher unbekannte Freiheit. Der Kanal wird künstlich verlängert, und ein Ort, den man heute wieder bei seinem ursprünglichen Namen Kağıthane nennt, nimmt nun gar einen französischen Namen an. Der Harem verweilt oft an diesem Flecken, und während die Damen zwischen Marmorbecken und hängenden Brücken spazieren, genießt der Sultan die Frische der Wasserlandschaft, bis er alsdann beim Rauschen der Wasserfälle wonnevoll einschläft.

Unten:
Den Harem durchweht ein Wind der Erregung, wenn der Sultan eine Bootsfahrt genehmigt. Die Mädchen putzen sich um die Wette. Besonders nervös werden die Eunuchen, die ja dafür sorgen müssen, daß all die unzähligen Lebensregeln bei Hof eingehalten werden.
Turchia Album di 62 foto, s.d.
Venedig, Biblioteca Nazionale Marciana.

Für längere Ausflüge begibt man sich vorzugsweise an den Bosporus. Die Meerenge, »in der ein Gott fließt«, ein Fluß, der sich in die sturmbewegten Wasser des Schwarzen Meeres ergießt, schlängelt sich zwischen sanften, von Vegetation bedeckten Hügeln hin. Im Frühling, wenn die Judasbäume und die Bougainvillea alles mit ihren leuchtenden Farben bedecken, sind die Flußufer bezaubernd schön. Doch die Natur ist auch im Herbst reizvoll, wenn die Vielfalt der Gelb- und Braunschattierungen durch die verschiedenen Rottönungen hindurchschimmert.

An der Meerenge lassen nicht nur der Sultan, sondern auch die Würdenträger und reiche Europäer große Holzhäuser mit Blick auf das Wasser sowie mit einem kleinen Hafenbecken bauen. In diesen Häusern mitten im Grünen verbringen die Sultane immer längere Perioden, dort können sie sich der Hitze und den schrecklichen Epidemien entziehen, die oft die Stadt heimsuchen, und sich dem süßen Nichtstun hingeben. Nähert sich die Brigantine des Sultans in diesem Meeresarm, auf dem ständig eine große Anzahl von Kajiken kreuzt, dann verschwinden im Handumdrehen alle Wasserfahrzeuge und fahren an die Ufer.

Von den Sommerpalästen aus gestattet der Sultan zuweilen einen Ausflug ins Landesinnere. Zu den beliebtesten Zielen gehört der Belgrader Wald, ein weites Tal mit Kiosken im Schatten von Weiden, Platanen, Grantatapfelsowie Mandelbäumen, erfüllt von fröhlichem Vogelgezwitscher. Rosen, Lilien und Narzissen verströmen ihren Duft. Bereits die Byzantiner schätzten diesen Ort, und Süleyman der Prächtige läßt auf den Ruinen des antiken Petra ein Dorf errichten, in dem er die serbischen Kriegsgefangenen aus dem soeben eroberten Belgrad ansiedelt. Der neuen Siedlung gibt man den gleichen Namen. Sie liegt inmitten des einzigen Walds in Thrakien, zwischen Buchen, Eichen, Pinien, Ulmen und Pappeln und wird bald zum Lieblingsort der reichen Istanbuler, die hier den Sommer verbringen.

An diesen von der Natur so reich bedachten Orten kann man des öfteren von Sklaven begleitete Frauengesellschaften antreffen. Kommen die Damen aus dem Serail hierher, dann verschwinden alle: Kein aufdringliches Auge darf das Antlitz erblicken, das ein im Trubel des unschuldigen Spiels mit den Gefährtinnen nachlässig auf die Schulter gerutschter Schleier bloßgelegt hat. An den Grenzen Edens wachen die Eunuchen, während der Monarch vergnügt seine frohgemuten Odalisken beobachtet.

Zu den besonders beliebten Tätigkeiten der Damen gehören schließlich auch die Einkäufe. Während der goldenen Epoche, in der die Regeln bei Hof sehr streng sind, dürfen die Frauen den Serail nicht verlassen, und die Händler begeben sich in den Palast. Es sind Vertrauenskaufleute, die ausschließlich mit dem Obersten Eunuchen verhandeln, dem sie ihre Waren überlassen. Manchmal übernehmen auch jüdische Frauen das Amt des Kaufmanns, sie erhalten eine Sondererlaubnis und dürfen dann mit ihren

Der Bosporus ist ein beliebtes Ausflugsziel für Bootsfahrten. Die Meeresenge, die in das Schwarze Meer mündet, ist von weichen Hügeln mit einer herrlichen Vegetation und voller schöner Holzhäuser umsäumt.
Foggie diverse del vestire de' Turchi, 15. Jh.
Venedig, Biblioteca Nazionale Marciana.

Waren in den Harem gehen. Solche Geschäfte sind sehr lukrativ, denn die Sultaninnen achten nicht auf das Geld, auch haben sie keine Möglichkeit, den Wert eines Gegenstands einzuschätzen. Später lassen die strengen Regeln etwas nach, und die Sultaninnen begeben sich höchstpersönlich in die eleganten Geschäfte Istanbuls, um sich all die überflüssigen Gegenstände selbst zu besorgen.

In der reich gesegneten Metropole werden tausenderlei Versuchungen angeboten: Am Kreuzungspunkt zwischen Morgen- und Abendland findet man Juwelen türkischer und europäischer Machart, wertvolle Stoffe aus Venedig und aus Bursa, Spiegel aus Murano, mit Edelsteinen besetzte Uhren, hochelegante Hüte und erlesenes französisches Parfüm. Umhüllt von ihren in lebhaften Farben leuchtenden *ferace* besichtigen, verschmähen, wählen die Damen die erstaunlichsten Gegenständen, die die Kaufleute ihnen mit heuchlerischer Freundlichkeit feilbieten, während draußen die Equipagen mit den kaiserlichen Wappen vor der Tür warten, darauf die Eunuchen, die grimmig dreinblicken. An einem einzigen Nachmittag geben die Damen ganze Vermögen aus – so ist es nun mal in jenen Zeiten im Orient. Wenn Damen von hohem Rang ein Leben der ununterbrochenen Genüsse führen, der Besuche, Vergnügungen und neuen Moden, und wenn dagegen ein Mann, der ein wenig Sparsamkeit verlangt, für verrückt gehalten wird, was erst mögen dann die Damen im Serail verlangen, die geliebten Frauen des »Sultans aller Sultane«, des »Schattens Gottes auf Erden«?

Detail eines Alabasterbades.
Istanbul, Dolmabahçe-Palast.

Konstantinopel ist eine übervölkerte Stadt, doch in der Umgebung gibt es bezaubernde Gärten mit Wasseranlagen, Blumen und Bäumen. Die Türken lieben das Leben an der frischen Luft und nicht selten trifft man an solchen Orten Gruppen von Ausflüglern.
Pietro Bellò, *Auf dem Weg nach Istanbul*, 1909.
Bassano del Grappa, Pinakothek.

Folgende Doppelseite:
Die Osmanen empfinden Achtung und Ergebenheit für die Mutter. In jeder Familie ist sie das unumstrittene Oberhaupt des Gynäzeums, in dem die Töchter, die Schwiegertöchter, die Dienerinnen und bis zu einem gewissen Alter auch die Söhne leben.
Frederick Goodall, *Ein neues Licht im Harem*.
Liverpool, Sudley Art Gallery.

Das Hofzeremoniell

Das Leben am osmanischen Hof wird von den zahlreichen offiziellen Veranstaltungen bestimmt, die nach dem komplizierten, asiatischen Zeremoniell ablaufen: Die Geburt eines Kindes des Sultans, die Beschneidung der Prinzen, die Feierlichkeiten anläßlich militärischer Eroberungen, die religiösen Feste, alle diese Anlässe werden genauestens eingehalten.

Ein Ereignis von besonderer Bedeutung ist eine Geburt. Die Entbindung obliegt allein den Frauen, der Hebamme, die von alten und erfahrenen Frauen unterstützt wird und der Wöchnerin während der Wehen beisteht. Um der Gebärenden die Schmerzen zu erleichtern, ruft man auch Musikerinnen hinzu. Ist das Kind dann geboren, so beginnt eine lange Reihe von Formalitäten. Der Oberste Eunuch überbringt dem Sultan und dem Hof die Nachricht. Die Kanonen des Topkapı feuern sieben Salven ab, wenn ein Junge geboren ist, drei Salven, wenn es ein Mädchen ist. Diese Bekanntgabe wird während vierundzwanzig Stunden fünfmal wiederholt. Jede Abteilung des Palasts feiert das Ereignis mit der Opferung von fünf Hammeln, wenn das Neugeborene ein Knabe ist, drei, wenn es ein Mädchen ist. Die Bevölkerung Istanbuls und des gesamten Kaiserreichs, die durch die öffentlichen Ausrufer und durch einen kaiserlichen Erlaß informiert wird, versammelt sich zum Gebet in der Moschee und feiert auf der Straße.

Das große Ereignis des Mutterwerdens: eine schwangere Frau, die Geburt, die Mutter mit dem Kind. Die Geburt ist Aufgabe der Frauen: der Gebärenden helfen die Hebamme und die alten Frauen. Damit sie die Schmerzen besser ertragen kann, werden Musikerinnen gerufen.
Costumi orientali, 17. Jh. Bologna, Biblioteca Comunale dell'Archiginnasio.

Einige Tage nach der Geburt zieht die junge Mutter in einen herrlichst eingerichteten Pavillon. Auf dem Bett liegt eine mit Stickereien und Edelsteinen (Rubinen, Smaragden und Perlen) verzierte Decke aus rotem Atlasstoff. Dies ist der Ort, an dem Mutter und Kind die Höflichkeitsvisiten empfangen, die etwa sechs Tage andauern. Die Zeremonienmeisterin des Harems, die *saray usta*, teilt den anderen Sultaninnen und den Gattinnen der bedeutendsten Würdenträger die Nachricht von der Geburt mit. Die geladenen Damen treffen sich bei der Gemahlin des Großwesirs, und alle werden nun mit der Kutsche in den Harem gefahren. Im Raum der Wöchnerin angelangt, beglückwünschen sie diese, indem sie den Saum der Bettdecke küssen, dann setzen sie sich aufs Sofa. Kurz danach treten die Sultaninnen und die anderen Hofdamen ein, und auch sie beglückwünschen die Mutter. Streng gemäß der Etikette setzen sie sich auf ihre Ehrenplätze auf einer Tribüne vor dem Bett, denn sie dürfen sich nicht mit den anderen Frauen zusammentun.

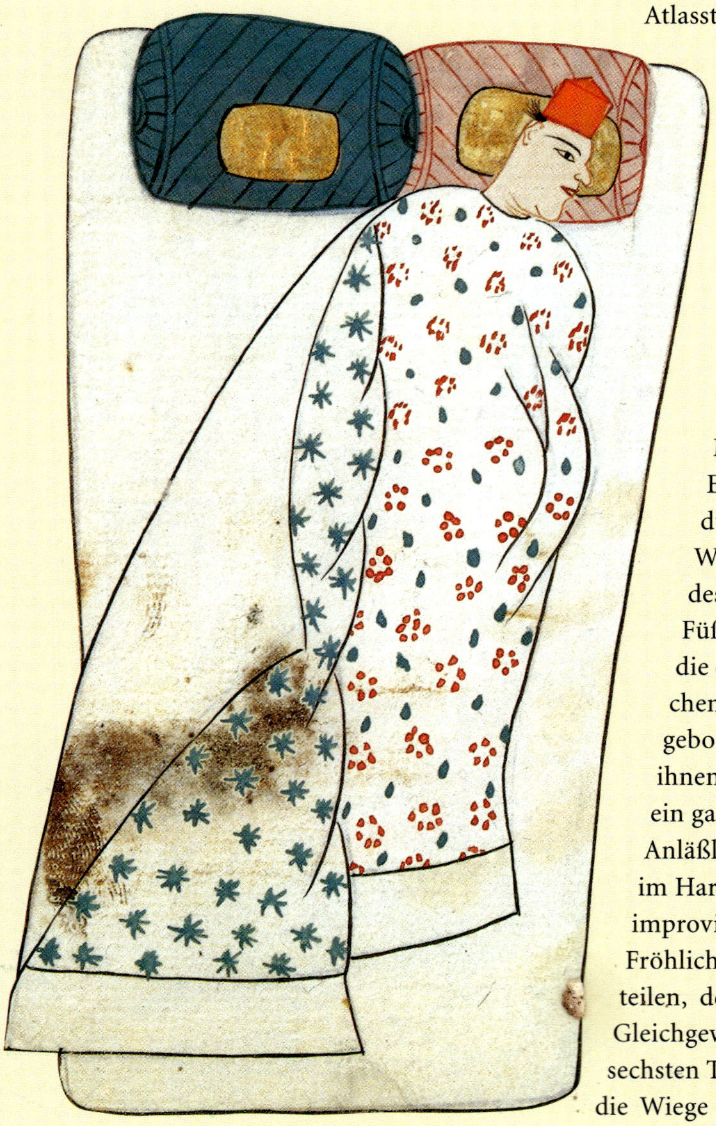

Während dieser feierlichen Handlung werden die Vorhänge des Ehebetts von zwei jungen Sklavinnen offengehalten. Zu Füßen des Betts sitzen die Hebamme und das Kindermädchen, die das Kind in ihren Armen hält. Hebamme und Kindermädchen werden höchst geachtet und geehrt; wenn das Kind geboren wird, erhalten sie Geschenke. Oft entsteht zwischen ihnen und den Prinzen und Prinzessinen eine Zuneigung, die ein ganzes Leben lang dauert.

Anläßlich einer Geburt wird der Topkapı taghell erleuchtet, und im Harem singen die Sklavinnen süße Melodien, spielen, tanzen, improvisieren Pantomimen. Im Serail herrscht eine allgemeine Fröhlichkeit, auch wenn dieses Glück nicht alle im tiefsten Herzen teilen, denn jedes neue Leben bringt Änderungen in das labile Gleichgewicht des Harems und somit auch Haß und Eifersucht. Am sechsten Tag nach der Geburt wird mit einer besonderen Zeremonie die Wiege in Empfang genommen, die ein beachtliches Heer von

Ministern und Beamten bringt. Der wertvolle Gegenstand, der mit Juwelen und Edelsteinen verziert und für einen Prinzen auch mit Federn geschmückt ist, wird dem Obersten Schwarzen Eunuchen übergeben, der ihn in den Harem trägt, dort der Zeremonienmeisterin übergibt, die wiederum die Aufgabe hat, ihn in den Raum der Wöchnerin zu bringen.

Bei Ankunft der Wiege stehen alle Frauen auf, und die Mutter wirft als erste eine Handvoll Goldmünzen in das kleine Bettchen, eine Geste des Segenswunsches, die danach auch alle anderen Frauen ausführen. Die Hebamme wird nun das kleine Kind hineinlegen, dabei Gebete und Glückwunschformeln aussprechen und es dreimal schaukeln. Danach nimmt sie es wieder auf den Arm, während die geladenen Frauen das Bettchen mit reich bestickten Stoffen bedecken. Nach Abschluß dieser Handlung tragen die Sklavinnen Obst, Sorbets und Süßigkeiten herein. Am folgenden Tag verteilen die geladenen Damen Geschenke an das Kind, an die Mutter und an die Haremsdame, die ihnen Gastfreundschaft gewährt hat, und verlassen den Serail wieder. Hiermit sind die Feierlichkeiten vorüber, alle Gegenstände werden aufgeräumt, und auch Mutter und Kind verlassen den Pavillon. Für sie beginnt ein Lebensweg, der, wird er von Glück begleitet, bis an die Spitze des Osmanischen Reichs führen kann.

Ein weiteres Ereignis, dem besondere Aufmerksamkeit gewidmet wird, ist die Beschneidung der Söhne des Sultans. Solche Feierlichkeiten können dreißig, vierzig Tage dauern und eine geschickte Regie regelt auch in diesem Fall die bedeutendsten Details. Die Teilnahme der Diplomatie Asiens und Europas verwandelt das Ereignis in eine Demonstration der Macht und des Reichtums der Türken. Beeindruckt von der Prachtentfaltung bei Hof werden die zahlreichen Augenzeugen den Ruhm des türkischen Monarchen in aller Welt verbreiten.

Bühne dieser Feierlichkeiten ist im allgemeinen der Platz des Hippodroms in Konstantinopel, der eine große Menschenmenge fassen kann. Man organisiert Küchen, errichtet Pavillons, die den verschiedenen ausländischen Delegationen Unterkunft bieten, denn sie sind mit allen Bequemlichkeiten für den Tag und die Nacht eingerichtet. Eine besondere Tribüne ist dem Sultan und den hochrangigen Personen vorbehalten; in einer anderen, mit Jalousien verschlossenen Tribüne befinden sich die Damen und die Sklavinnen des Monarchen. Das Volk wartet in absolutem Schweigen auf die Ankunft des Sultans, der imposant wie ein Idol auf einem kostbar aufgeputzten arabischen Pferd hereinreitet.

Anläßlich der Feier zur Beschneidung der Söhne Süleymans Ende Juni 1530 habe es vierzehn Tage lang Belustigungen jeder Art gegeben, so erzählt der Venezianer Pietro Zen: eine Parade der verschiedenen Berufe und der Militärorden, Spiele der Geschicklichkeit und der körperlichen Widerstandsfähigkeit, Turniere, Umzüge mit exotischen Tieren, vor allem jedoch Feuerwerke, eine Kunst, die die Türken besonders gut beherrschen. Mit den Feuerwerkskörpern formen sie künstlerische Gebilde, Türme, Städte, Schlösser,

Rechte Seite:
Die Kommemoration der Geburt des Propheten Mohammeds (das *Mevlud*-Fest) wird in der glanzvollen Blauen Moschee des Sultans Ahmet gefeiert.
Giulio Ferrario, *Il costume antico e moderno...*, Mailand 1828. Venedig, Biblioteca Nazionale Marciana.

Tiere – in diesem Fall wird eine lange Ringelnatter gestaltet –, die dann in der Nacht explodieren und erstaunliche Effekte hervorbringen. Erst nach vielen Tagen haben die Söhne des Sultans ihren feierlichen Auftritt: Mustafa, Mehmet und Selim kommen aus dem alten Serail, wo sie zusammen mit den Müttern und den anderen Frauen bisher gewohnt haben, und in der Begleitung von Eunuchen und einem Zug von Würdenträger reiten sie in das Hippodrom ein. Der erste Sohn ist in karmesinroten Samt gekleidet, der zweite in roten Atlas, der dritte in goldenen Brokat, alle tragen ein Schwert. Sie haben eine so weiße Haut und sind so schön, daß sie Pietro Zen, der niemals zu übertreiben pflegt, »wie vom Paradies herabgestiegene Engel erscheinen«.

Die Beschneidung wird von einem erfahrenen Barbier in wenigen Minuten mit einem scharfen Rasiermesser besorgt; die Wunde wird mit primitiven Mitteln kauterisiert. Bassano schreibt, man verwende ein Pulver, das den Schmerz nimmt, doch vermutlich handelt es sich ganz einfach um Holzasche. Es ist Brauch, daß während der königlichen Feierlichkeiten auch das Volk die Söhne beschneiden läßt. Die kaiserlichen Küchen, die für die begleitenden Festivitäten ausgestattet werden, liefern reichlich Speisen nicht nur für die angesehenen Persönlichkeiten, sondern auch für die ganze Bevölkerung. So können auch die Ärmeren die Beschneidung ihrer Kinder würdig feiern und sich als Mitglied eines Staates fühlen, der den Individualismus weder kennt noch fördert.

Die bedeutenden Persönlichkeiten des Kaiserreichs werden zu diesem Anlaß Gaben und *nahil* senden, das sind Dekorationen aus Wachs in der Form von Bäumen, Tieren, Tafelaufsätzen mit Blumenschmuck, die Kunsthandwerker herstellen und die sie oft mit Silberfäden und Edelsteinen verschönern. Wie die Tafelaufsätze aus Zucker, die damals in Europa in Mode sind, schmücken die *nahil* die Bankette, und wenn sie besonders groß sind, dann werden sie in einem Umzug herumgetragen.

Die Damen des Kaisers nehmen an den öffentlichen Feierlichkeiten von einer vergitterten Loge aus teil. Auch wenn sie sich in einer recht gedeckten Stellung befinden, so können sie doch alles mitverfolgen, stolz und aufgeregt den feierlichen Auftritt ihrer Söhne beobachten, neugierig in die Richtung der Pavillons mit den ausländischen Prinzen äugeln, sich an Jongleuren und den Feuerwerken ergötzen.

Unten:
Moslemische Kinder am Tag ihrer Beschneidung. Auch die Opfertiere sind geschmückt.
Giulio Ferrario, *Il costume antico e moderno...*, Mailand 1828. Venedig, Biblioteca Nazionale Marciana.

Ebenso glanzvoll werden im Osmanischen Reich militärische Siege gefeiert. Das Ende eines Feldzugs begrüßt die Bevölkerung mit allgemeinem Jubel, und es wird ostentativ den befreundeten Mächten mitgeteilt, die mit Gaben und Delegationen am Frohlocken des Herrschers teilnehmen.

Der Lauf der Zeit wird in Asien anders unterteilt als in Europa. Nach dem uralten Brauch der Perser beginnt das türkische Jahr am 21. März. Der *Nevruz* ist das Zeichen für den Frühlingsbeginn und Grund für Fröhlichkeit. Es werden Geschenke ausgetauscht. Der Sultan sendet seinen Favoritinnen wertvolle Gaben und verbringt den Tag mit den Frauen im Park des Palasts. Im Laufe des moslemischen Jahres gibt es zahlreiche Feiertage, die für die Gläubigen Pflichten mit sich bringen, jedoch auch Grund für ein Beisammensein sind.

Zu den wichtigsten Vorschriften gehört die Fastenzeit, die sich über den Monat *Ramadan* hinzieht. Jeder Moslem über vierzehn hat sich diesem harten Opfer zu unterziehen. Im Kaiserpalast wird, wie in jeder anderen Familie auch, weihevoll der Ritus der Läuterung vorbereitet. Die erste Nacht des Ramadan wird mit Beten verbracht, und während des Tages hält ein Geistlicher eine Predigt im Harem. Die Enthaltsamkeit dauert vom Sonnenaufgang bis zum Sonnenuntergang, und das Ende des Fastens, *iftar*, wird mit Trommelwirbel angekündigt. Nun lädt der Sultan Gäste zu sich und speist mit ihnen zu Abend. Auch die Frauen im Harem laden die Gattinnen der Würdenträger ein, man ißt gemeinsam und unterhält sich bei Gesang und Theatervorführungen. Das Ende des *Ramadan* wird mit dem *Şeker Bayramı*, dem Fest des Zuckers gefeiert. Es dauert drei Tage, der Sultan begibt sich in den Harem, verteilt Geschenke, die Atmosphäre ist fröhlich, man ißt Süßigkeiten und trinkt.

Der Islam erlegt allen Gläubigen die gleichen Pflichten auf, und das Fasten soll alle, ob reich oder arm, auf eine Ebene stellen. Doch auch in diesem Fall genießt die Sultansfamilie einige Privilegien. Einmal im Jahr werden die im Palast aufbewahrten, heiligen Reliquien besucht. Die Damen kleiden sich zu diesem Anlaß besonders fein, bedecken ihr Gesicht, stellen sich vor der Tür des Pavillons auf und ziehen dann langsam an den Reliquien vorbei, um sie zu küssen. Jeder Frau schenkt der Sultan ein Tuch, auf das Koranverse gestickt sind. Die Feierlichkeit wird mit einem Essen ab-

Der Großwesir empfängt die ausländischen Botschafter.
Giulio Ferrario, *Il costume antico e moderno...*, Mailand 1828. Venedig, Biblioteca Nazionale Marciana.

geschlossen. Auch nach der Übersiedlung des Hofs nach Dolmabahçe findet dieses Fest weiterhin statt. Ein langer Kutschenzug bringt nun die Frauen vom Bosporus bis in die Stadtmitte von Istanbul, wo alle Riten weiterhin nach der alten Weise durchgeführt wurden.

Der Sultan feiert die Geburt des Propheten zusammen mit seinen Frauen; man spricht Gebete – oft werden auch Gedichte vorgetragen, die an das Geschehnis erinnern – und nimmt Süßigkeiten und Sorbets zu sich.

Besonders wichtig ist das Fest des Opfers, *Kurban Bayramı*, bei dem das Oberhaupt jeder Familie einen Hammel opfert, dem nach altem Ritus die Kehle durchgeschnitten wird. Der Sultan und die wohlhabenden Familien schenken das Fleisch den Armen. Die Bevölkerung strömt auf die Straße, wo Schauspiele dargeboten werden. Auch im Harem wird gefeiert, der Sultan wird festlich empfangen, man beglückwünscht sich gegenseitig und tauscht wiederum Geschenke aus.

Unter den offiziellen Zeremonien ist bei den Frauen der Freitagsfestzug besonders beliebt, mit dem der Sultan zur Moschee begleitet wird. Während die Frauen in der Regel die Feste in der glanzvollen Einsamkeit des Harems feiern müssen oder bestenfalls durch die Schlitze eines engen Durchgangs über dem Kaisertor des Topkapı hindurchblicken dürfen, so erfreuen sie sich am Freitagsfestzug eines offiziellen Platzes auf den exklusiven Rängen. Die Gepflogenheit des Sultans, der sich mit großem Staat zur Moschee begibt und dort öffentlich sein Gebet verrichtet, ist nicht nur ein Ausdruck seiner Frömmigkeit, sie ist auch eine politische Geste von erheblicher Bedeutung. Er zeigt sich dem Volk, den Ausländern und beweist, daß er lebt, läßt jeglichen Verdacht eines Komplotts oder eines gewaltvollen Todes gar nicht erst aufkommen, gewährleistet somit die Stabilität des Kaiserreichs. Solche Vorsichtsmaßnahmen werden um so wichtiger, als die politische Situation der Osmanen ab dem 17. Jahrhundert immer unsicherer wird.

Während des 16. Jahrhunderts findet das Freitagsgebet in der Hagia Sophia statt, die im Jahre 1453, nach der Eroberung Konstantinopels durch die Türken, in eine Moschee umgewandelt worden war. Im folgenden Jahrhundert zieht der Sultan die eindrucksvolle Blaue Moschee vor, die unter Ahmet I. als Rivalin zu dem byzantinischen Heiligtum an der Seite des Hippodroms errichtet wird. Im 19. Jahrhundert besucht der Sultan jede

Das herrliche Tal der Süßen Wasser Europas, ein bei den Sultanen beliebtes Ausflugsziel.
Ignaz Mellin, *Voyage pittoresque de Constantinople et du Bosphore*, Paris 1819. Parma, Biblioteca Palatina.

Rechte Seite:
Oben: Das Freitagsgebet in der Ortaköy-Moschee; die Wache des Sultans ist am Ufer vor den verschlossenen Booten aufgereiht, in denen sich die Haremsfrauen befinden. Unten: Das Innere der Hagia Sophia.
Turchia Album di 62 foto, s.d.
Venedig, Biblioteca Nazionale Marciana.

Woche eine andere Moschee. Auf dem nicht gerade langen Weg vom Palast zur Kultstätte kann man den Vorbeizug der Crème de la crème des Osmanenadels bewundern: Der Großwesir und die bedeutendsten Minister, die Paschas und die hohen Offiziere des Heeres und der Marine blicken – ganz offensichtlich zufrieden – von der Höhe ihrer schönen Pferderücken über das Volk. Der von schwarzen Sklaven begleitete Sultan reitet auf einem herrlichen Araber mit einer mit Gemmen verzierten Schabracke. Ganz der orientalischen Etikette genügend, verkörpert der Herrscher in einem Land der absoluten Autorität ein Idol und reitet feierlich, erhaben, nervenzerreibend langsam und mit einem starren, unveränderlichen Blick aus Augen, die um ihn herum nichts wahrzunehmen scheinen.

Nur wenig entfernt vom Sultan folgen die Frauen: die Königinmutter, die Gattinnen, die Favoritinnen in einer Ordnung, die die Hierarchien genauestens beachtet. Sie stehen dem Sultan an Eindruck und Würde nicht nach. In der Moschee mischen sie sich nicht unter die anderen Anwesenden, sie wohnen dem Gottesdienst in einem ihnen vorbehaltenen Raum bei, der keusch und züchtig durch feine Jalousien abgetrennt ist. Ob Regen oder Sonnenschein, jeden Freitag warten am Rand des Zugs zur Moschee nicht nur die Leute aus dem Volk. Der Aufmarsch des Sultans und seiner Konkubinen versetzt alle Ausländer, die sich in der Hauptstadt aufhalten, in Entzücken. Männer und Frauen aus dem Abendland wollen sich nicht das kleinste Detail dieser sonderbaren, fremden Welt entgehen lassen, die sie fasziniert und zugleich erschreckt. Kehren sie in dann ihre Heimat zurück, so werden sie in ihren phantastischen Erzählungen vor den erstaunten Freunden und Bekannten die magische Atmosphäre erneut heraufbeschwören.

Die Gärten des Serai in Konstantinopel.
Antonio Baratta, *Costantinopoli effigiata e descritta*, Turin 1840. Venedig, Biblioteca Nazionale Marciana.

Intérieur de la mosquée Ste Sophie

Das Reich der Frauen

In der osmanischen Gesellschaft erfreuen sich die Frauen, im Gegensatz zu anderen islamischen Staaten, einer gewissen Autonomie. Sie können ein Gericht anrufen, besitzen Geld und Güter und üben Macht aus.
Eugène Giraud, *Haremsdamen*.
London, Mathaf Gallery.

Der Monarch und seine Gemahlinnen Persönlicher Einfluß und politische Macht

Im Vergleich zu den anderen moslemischen Staaten haben die Frauen im Osmanischen Reich eine einzigartige Stellung inne. Alle verfügen sie über ein eigenes Vermögen und können sich erforderlichenfalls an die Justiz wenden. In den gesellschaftlich höchsten Rängen gibt es Frauen, wie die türkische Geschichte berichtet, die sogar Macht besitzen und sich frei bewegen können.

Umsichtig, listig, weitblickend, von starker Persönlichkeit, oft auch intelligenter als ihre Ehegatten, geschickt in der Verwaltung der öffentlichen Hand sind die Sultaninnen. Sie haben bereits ein bewegtes Leben hinter sich – die schweren Lehrjahre, in denen sie am eigenen Leibe gelernt haben zu kämpfen, mit Einsamkeit, Feindschaft und Intrigen fertig zu werden. Der Wettstreit um den Vorrang kostet zahlreiche Opfer, und die Frauen, die ihn überstehen, sind in der Lage, mit den Widerwärtigkeiten des Lebens fertig zu werden. Während sie im Frauenquartier die Kunst des Befehlens erlernen, lassen sich die Sultane im Topkapı von einem zügellosen und dennoch beschränkten Leben verführen. Ein Zustand, der neue gesellschaftliche Konstellationen hervorbringt, den Rollentausch erleichtert, ja sogar fördert.

Im Reich der Sultane kann jedermann in die führenden Schichten aufsteigen, es gibt keine ethnischen oder gesellschaftlichen Barrieren. Was zählt, sind die individuellen Fähigkeiten, die Loyalität gegenüber dem Sultan und die Zugehörigkeit zum islamischen Glauben.
Erster Staatssekretär, in *Raccolta di 120 stampe...*, Venetiis 1783. Venedig, Biblioteca Nazionale Marciana.

Die »von den Frauen geschriebene Geschichte« des Osmanenstaats ist reich an faszinierenden Begebenheiten, da sie die Umschichtungen, die Veränderungen, die Entwicklung einer komplizierten Gesellschaftsstruktur verfolgt. In den Heldentagen des Reichs, in einer stürmischen Epoche, die die Ritter aus dem Altai 1453 auf den Thron von Byzanz bringt, treten die Frauen gleichsam am Rande auf. Nur schemenhaft erkennt man die Gestalten der europäischen und turkmenischen Prinzessinnen, die zwar oft großen Charme und eine starke Persönlichkeit besitzen, jedoch hinter die Kulissen einer Bühne verbannt werden, auf der ein Schauspiel mit wirkungsmächtigeren Persönlichkeiten aufgeführt wird.

Der türkische Staat, der sich zunächst in den Regionen Kleinasiens niederläßt, ist im wesentlichen militärischer Natur, der weiter erobern, sich ausbreiten will. Zwei wichtige Elemente bestimmen das politische Gleichgewicht jener Zeit: die vielen aristokratischen Stämme Turkmenistans, die unabhängig und rebellisch sind, und die schwache byzantinische Macht, auf deren Territorium die Türken sich ausbreiten. Wollen sie regieren, so sind die ersten Sultane darauf angewiesen, diese beiden Gegner zu unterwerfen oder sie zumindest unschädlich zu machen.

Von Natur aus sind die Osmanen kriegerisch veranlagt, doch sind sie zugleich pragmatisch genug, um nicht nur Feldzüge zu unternehmen, sondern auch Allianzen zu schließen. Das islamische Gesetz bietet ihnen die Möglichkeit, gleichzeitig vier Frauen heiraten zu können – ein Vorteil, den die Sultane als politisches Instrument nutzen. Um die Aristokraten Anatoliens zu kontrollieren, heiraten sie turkmenische Prinzessinnen. Auch aus den wechselhaften, einmal freundschaftlichen, ein andermal feindlichen Beziehungen zu Byzanz entspringen oft Kompromißehen, und selbst die hochfeinen Griechen schieben ihren Horror vor den Barbaren aus der Steppe beiseite und scheuen nicht davor zurück, den Sultanen ihre Töchter in der falschen Hoffnung zur Frau zu geben, solche Verwandtschaftsbande mögen den unabwendbaren Gang der Geschichte aufhalten.

Die erste Ehe zwischen einem osmanischen Prinzen und einer Christin dürfte die von Orhan I. (1324-1362) und Lülüfer oder Nilüfer gewesen sein, der Tochter des christlichen Gouverneurs von Yarhisar, einer Stadt zwischen Bursa und Eskişehir. Aus den Chroniken erfahren wir, daß das Mädchen siebzehn Jahre alt ist, als sie 1298 den zukünftigen *gazi* der Türken heiratet, der zu diesem Zeitpunkt gerade elf Jahre zählt und noch nicht an der Regierung ist. Den türkischen Namen, unter dem sie bekannt wird, erhält sie nach der Hochzeit. Dieser Brauch bleibt bis zum Fall des Kaiserreichs erhalten, er soll das neue Leben bedeuten, das das Mädchen bei Hof beginnt. Orhan besteigt den Thron, wird einflußreich und besiegelt seine Allianzen mit einer weiteren Ehe. 1246 heiratet er Theodora, die Tochter des byzantinischen Kaisers Johannes V. Kantakuzenos. Die Hochzeitsfeierlichkeiten sind so aufwendig, daß man von ihnen in den Chroniken berichtet. Aus der ersten Ehe werden Süleyman und der Erbprinz Murat I. geboren, der wiederum die Prinzessin Helene Kantakuzenos heiratet.

Während des 14. Jahrhunderts sind alle Eheschließungen der osmanischen Prinzen der Staatsraison unterworfen. Doch der neue politische Kurs, den Murat I. (1362–1389) und Bayezit I. (1389–1402) einschlagen, führt im Laufe des Jahrhunderts zu einigen Neuerungen auch in »Herzensangelegenheiten«. Die osmanischen Herrscher befreien sich vom Einfluß der mächtigen türkischen Aristokratie und geben den Anstoß zur *devşirme*, der gewaltsamen Rekrutierung von christlichen Knaben. Unter ihrem Nachfolger, Murat II., wird diese Methode ab 1438 in großem Umfang betrieben und revolutioniert die Gesellschaftsstruktur, die Bildung der gesellschaftlichen Klassen, ja sogar die Konzeption von Rasse und Adel.

Sultan Mehmet II., der Eroberer Konstantinopels, ist autoritär und eigensinnig, unberechenbar und gnadenlos, doch steht er der Kultur der Griechen und der Kunst sehr offen gegenüber.
Foggie diverse del vestire de' Turchi, 15. Jh. Venedig, Biblioteca Nazionale Marciana.

Der Sultan Bayezit kann die Folgen seiner Innovationen noch nicht selbst in Anspruch nehmen. Er folgt dem Vorbild seiner Vorgänger und schließt mehrere Zweckehen. Allein ein Blick auf die Liste seiner Frauen verrät die Richtung seiner politischen Interessen. Er ist ein Mann von starker Persönlichkeit, schnell, wenn es um Entscheidungen geht – man hat ihm den Beinamen *Yıldırım*, ›der Blitz‹ gegeben, mit dem er in die Geschichte eingegangen ist. Er heiratet Fülane, die Tochter des Bulgarenkönigs, später zwei turkmenische Prinzessinnen, Devletşah Germiyanoğlu und Fülane Karamano ğlu, und zuletzt Olivera, die Tochter des Serbenkönigs, die den Einfluß der christlichen Kultur an den Hof bringt. Auch Murat II. (1421–1451) heiratet eine serbische Prinzessin: Maria Olivera, ein Frau von Charakter und politischer Weitsicht, die ihrem Gatten in der heiklen Situation des christlichen Kreuzzugs von Warna (1444), der die osmanische Verteidigung in große Schwierigkeiten bringt, zum Frieden rät.

In den entscheidenden Jahren des Aufbaus des Osmanischen Reichs spielen die christlichen Prinzessinnen eine bedeutende Rolle. In einer Atmosphäre, die Neuerungen ge-

Rechte Seite:
Jeder Abendländer, der ins Morgenland reist, träumt von heimlichen Zusammenkünften mit einer außerordentlich leidenschaftlichen Odalisken.
Paul-Louis Bouchard, *Schönheit im Harem.* London, Sotheby's.

genüber offensteht, in der der formell angenommene Islam mit der phantasievollen Mystik der Schamanen zusammenlebt, bleiben viele dieser Frauen Christinnen, lassen ihre Kinder heimlich taufen und bringen zusammen mit einem großen Gefolge ihre Kultur und ihren Lebensstil an den Hof. Die Gesellschaft der Stämme wandelt sich Stück für Stück in einen wohl organisierten Staat.

Mehmet II. (1451–1481) erobert schließlich Konstantinopel, das Symbol der hohen byzantinischen Kultur, und festigt damit das Gefüge des neuen Reichs. Dank des enormen Prestiges, das ihm dieser Sieg einbringt, kann er den Zentralisierungsprozeß abschließen, die türkischen Adeligen entmachten, ihre Güter und ihr Eigentum einziehen sowie ihre Machtpositionen in der Zentralregierung durch die gewaltsam rekrutierten Sklaven ersetzen.

Mehmet hat zehn Frauen. Die Herkunft Gülbahars, des ›Frühlings der Rosen‹, ist ungewiß, ihr Geburtsdatum mag um 1434 liegen. Sicher ist, daß sie 1446 in das kaiserliche Gynäzeum eintritt. Zwei Jahre später wird der Thronfolger Bayezit II. geboren. Die Sultanin stirbt 1492. Ferner gibt es eine serbische Edelfrau, von der man behauptet, sie sei Verwandte des ungarischen Monarchen Matthias I. Corvinus, und drei turkmenische Prinzessinnen aus dem Osten Anatoliens. Neben den Resten von Byzanz und den lateinischen Kolonien im Osten, ergreift Mehmet auch Besitz von den Überlebenden jener im Aussterben begriffenen Welt: In sein Harem holt er Helene, die Tochter Demetrius‹ des Paläologen, Anna, die Tochter von David dem Komnenen, dem Kaiser von Trapezunt, sowie Irene Kantakuzenos und Fülane, die aus der adeligen Genuesenfamilie Gattilusi stammt, Feudalherren über Lemnos, Tasso und andere byzantinische Ländereien, die nach den Siegen der Osmanen rasch verfallen.

Dem autoritären Monarchen ist die Abschaffung der Ehe und die Einrichtung des von der Kaiserresidenz abgeschiedenen, fern vom Zentrum der Macht gelegenen Frauengemachs zu verdanken. Die Zeiten der Allianzen, der Vereinbarungen, des politischen Zurechtrückens sind vorbei, und die Ritter aus dem Altai wollen nun von niemandem mehr bestimmt werden, auch nicht von »Herzensangelegenheiten«. Sie brauchen keine Gattinnen und keine Prinzessinnen mehr. Doch die Geschichte wird den Eroberern von Konstantinopel nicht recht geben: Die Frauen durchlaufen die langen Lehrjahre des Sklavinnendaseins und lernen schließlich, sich davon zu befreien. Sie werfen Treue und Unterwürfigkeit von sich, um als freie Personen handeln, denken und lieben zu können.

Ein wertvoller Krummsäbel. Die Sicherheit des Kaiserreichs gründet sich nicht auf die Befestigungswerke, sondern auf die disziplinierten Soldaten, die mit Opferbereitschaft und Energie kämpfen. Die besten Krieger sind bis zum 16. Jh. die Sultane selbst, sie führen ihre Truppen höchstpersönlich in den Krieg.
Istanbul, Topkapı.

Die goldene Epoche der osmanischen Pforte

Nachdem der Hof sich in Istanbul niedergelassen hat, erhält auch der Harem eine angesehene Stellung in der Führung der Staatsgeschäfte. Die weiblichen Figuren nehmen deutlichere Umrisse an, man kennt die Persönlichkeiten und deren Funktionen besser, und die Liste der öffentlichen Arbeiten, die die Damen aus ihrem unendlich großen Reichtum finanzieren, wird immer länger.

In der zweiten Hälfte des 15. Jahrhunderts, in der die Bürgerkriege zwischen den Söhnen Mehmets II. wüten, treten zwei Favoritinnen des Sultans besonders hervor: Gülbahar und Çiçek Hatun. Gülbahar, die Mutter Bayezits II.(1481–1512), ist eine weise und erfahrene Anregerin. Çiçek, Cems Mutter, ist eine mutige und entschlossene Frau, die ihren Sohn während der unglücklichen Militärkampagnen ermutigt.

Die beiden Frauen leben lange Jahre nebeneinander im gleichen Serail, doch das Schicksal hat sie zu unversöhnlichen Feindinnen gemacht. Sie verschwenden alle ihre Energien in einem Kampf, aus dem nur eine Siegerin hervorgehen kann. Der Triumph ist dem umsichtigen Bayezit und der Mutter Gülbahar beschieden, die als erste Frau des Kaiserreichs in der prachtvollen Hauptstadt geehrt wird. Ganz anders sieht das Schicksal von Çiçek Hatun aus, sie verbringt die letzten Jahre ihres Lebens im Exil in Kairo und darf das Wanderleben des Sohns in Europa nur über einen Briefwechsel verfolgen.

Das 16. Jahrhundert, die goldene Epoche der ›Hohe Pforte‹, beginnt mit der Herrschaft Selims I. (1512–1520). Er ist ein entschlossener Einzelgänger, dem Luxus und den Vergnügungen wenig geneigt, ein ausgezeichneter Heeresführer, drastisch, wenn es einer Lösung bedarf, oft wohl auch zu drastisch, so daß man ihm den Beinamen *Yavuz*, ›Der Schreckliche‹, verpaßt. Vor der Besteigung des Osmanenthrons verbringt er sein Leben in Trapezunt, der alten Hauptstadt der Komnenen, und lernt dort Hafsa Hatun kennen und lieben. Sie ist eine schöne und intelligente Frau, die Tochter Mengli Girays, des Statthalters der Krim. Die Prinzessin, in deren Adern das Blut des Dschingis Khan fließt, ist gerade erst fünfzehn, als sie 1494 den Thronfolger Süleyman I. auf die Welt bringt. In den Jahren in Trapezunt erweist sich die Dame als hervorragende Mäzenin, Förderin zahlreicher Initiativen, widmet sich dem Bau von Krankenhäusern, Schulen und Moscheen.

Nach dem Umzug in die Hauptstadt engagiert sich Hafsa Hatun mit großer Leidenschaft in der Politik. In der Rolle der mächtigen Sultaninmutter trägt sie zum Aufstieg

Bayezit II., der Heilige, (links) und sein Nachfolger Selim I. (rechts), zwei fähige und entschlossene Sultane, doch von ganz unterschiedlichem Charakter: der erste ist bedacht und achtet seine Mutter sehr, der Zweite liebt den Luxus und die Freuden des Harems.
Codice Cicogna, *Memorie turchesche*, 17. Jh. Venedig, Bibliothek im Museo Correr.

İbrahims bei, eines Sklaven christlicher Herkunft, der Großwesir wird und die Grundlagen für eine Günstlingswirtschaft aufbaut, die im nachfolgenden Jahrhundert zu einem System der Palastfaktionen ausartet. Mit dieser scheinbar zurückhaltenden, doch unerbittlichen Prinzessin beginnt unauffällig die Epoche der einflußreichen Sultaninnen. Ihre Entscheidungen beeinflussen die Regierungsgeschäfte, Parteien bilden sich, die erstaunlichen politischen Druck ausüben können und langsam und dennoch unaufhaltsam die Macht der absolutesten aller Herrscher schwächen, bis diese in tausend Stücke zerspringt.

Die lange Herrschaft Süleymans I. (1520–1566), der den Beinamen ›der Prächtige‹ führt, besiegelt auch die Epoche des höchsten Glanzes des Kaiserreichs. Ein für die damalige Zeit enormes Reich, in dem viele verschiedene Völker, Rassen, Sprachen und Religionen friedlich zusammenleben. Unendliche wirtschaftliche Ressourcen ermöglichen die Erhaltung einer effizienten Militärstruktur, Großzügigkeit und Mäzenatentum fördern eine Blütezeit der Künste und die Errichtung von bedeutenden Monumentalbauten.

Süleyman schreibt man viele gute Eigenschaften zu, die auch die Chronisten seiner Zeit anerkennen. Er weiß die kriegerische Tradition des gazi, des Glaubenskriegers, zu verkörpern und ist gleichzeitig auch ein kluger Staatsmann und ein weiser Verwalter des Reichs. Die Reformen, die er durchführt, betreffen nicht nur die Administration, sie greifen auch in die sozialen Strukturen ein, berühren die Sphäre der persönlichen Beziehungen und ändern die Mechanismen der Macht. Er ist stark und gerecht, ein Monarch, der einzigartige Persönlichkeiten um sich vereint, die Einfluß auf sein Urteil und seine Entscheidungen nehmen: die Mutter Hafsa, die Gemahlin Hürrem, die auch Roxelane genannt wird, deren Tochter Mihrimah, den Großwesir İbrahim, den Venezianer Alvise Gritti – sie sind die »sehr geliebten« Berater des meistgeliebten Sultans des Osmanischen Reiches.

Zwar hat Süleyman mehrere Favoritinnen – unter ihnen Gülbahar (1499–1581), die Mutter des vermeintlichen Thronfolgers Mustafa –, doch ist er Roxelane am engsten verbunden. Die schöne Sklavin weiß die Bande mit dem Sultan zu festigen, indem sie ihm in zehn Jahren sechs Kinder schenkt:

Ein Helm aus der Sammlung der osmanischen Sultane.
Istanbul, Topkapı.

Vorhergehende Doppelseite:
In der zweiten Hälfte des 16. Jhs. wenden sich die Sultane langsam von den Regierungsgeschäften ab, die Macht gleitet in die Hände der Frauen und der Sklaven im Palast, die sie grausam und rücksichtslos ausüben.
Eugène Giraud, *Innenansicht eines Harems.* London, Mathaf Gallery.

Mehmet, ein liberaler und sehr menschlicher Prinz, den die Untertanen und der Sultan besonders lieben, doch stirbt er jung und der Vater läßt ob seines Schmerzes eine große Anzahl Sklaven frei; Mihrimah, eine von Vater und Mutter bedingungslos geliebte Frau, der ein glückliches Schicksal beschieden ist; Abdullah, der wenige Monate nach der Geburt stirbt; Selim, 1524 geboren, wird später Sultan, er ist grausam, und gewalttätig, dem Wein verfallen; Bayezit, ein friedlicher junger Mann im vollen Gegensatz zu Selim, den die zeitgenössischen Beobachter als einen Befürworter des Halbbruders Mustafa beschreiben; der letzte, 1531 geborene Sohn, Cihangir, ist lebhaft, geistreich, ironisch, übernimmt jedoch keine Regierungsämter, denn er ist körperlich behindert, aber er verbringt sein Leben in gutem Einvernehmen mit dem Vater und der Mutter.

Trotz seiner ganz eindeutigen Fähigkeiten als Staatsmann hat Süleyman doch eine Schwäche: Er bindet sich zu sehr an einige Günstlinge. Der wichtigste unter ihnen ist İbrahim Pascha, der 1523 zum Großwesir aufsteigt. Er wird in Parga als Sklave aufgegriffen und wächst bei Hof auf, der Sultan hält ihn für einen treuen Kameraden, denn er ist aus dem *devşirme*, der Zwangsrekrutierung, zu so hohen Staatsämtern aufgestiegen. İbrahims Karriere wird auch von Roxelane befürwortet, die mit ihren Ratschlägen zum Fall des vorherigen Wesirs, des türkischen Aristokraten Piri Mehmet, beiträgt. Einmal im Amt verfügt İbrahim nun über Macht, Reichtum, und er heiratet eine Schwester des Sultans, die Prinzessin Hatice. Die Hochzeit wird mit großer Pracht gefeiert, der ehemalige Sklave ist auf dem Höhepunkt seines Ansehens angelangt.

Die Schreibkunst steht im Dienste des Islam, denn sie kann die Worte des Schöpfers durch die Botschaft des Propheten bewahren. Im Osmanenreich erreicht diese Kunst ihre Perfektion, sie tritt nicht nur in den Handschriften auf, sie schmückt auch Portale und Bogenfelder von Moscheen und Palästen.
Istanbul, Topkapı.

Aus der Allianz zwischen İbrahim und Roxelane entsteht eine Palastfaktion. Neue Persönlichkeiten treten hervor, darunter der unglaublich reiche Alvise Gritti, ein in Istanbul geborener Sohn des Dogen von Venedig, Andrea Gritti, und seiner türkischen oder griechischen Gemahlin, der mit der Gunst İbrahim Paschas Berater Süleymans für die europäischen Angelegenheiten und Schatzmeister des ungarischen Reichs wird. Die *devşirme*-Faktion erreicht um 1530 eine erstaunliche Macht, denn sie kontrolliert alle Schlüsselpositionen im Kaiserreich: İbrahim ist das *alter ego* des Sultans; Gritti Verantwortlicher für die europäischen Ländereien und unersetzbarer Mittler zwischen der Welt der Christen und der der Ungläubigen; Roxelane hat fest das Herz Süleymans im Griff.

Süleyman ist zwar menschlich leicht verletzlich, doch mangelt es ihm nicht an klarem politischem Denkvermögen, und er erkennt bald die Sprengkraft dieser Faktion. 1534 stirbt Alvise Gritti in Ungarn, offiziell ist er Opfer einer Revolte, in Wahrheit hat die osmanische Regierung ihn im Stich gelassen. Zwei Jahre später kehrt İbrahim Pascha von einer erfolglosen Militärkampagne gegen den Iran zurück, wird erdrosselt und sein Vermögen eingezogen. Hinter diesem unglücklichen Abgang der beiden mächtigen Männer verbergen sich komplizierte Intrigen: 1534 ist Hafsa gestorben, die Mutter Süleymans und einflußreiche Beschützerin des Großwesirs, und bereits dies hat die Stellung İbrahims empfindlich geschwächt. First Lady ist nun Hürrem, die ihre Faktion stärken will, sich mit

İbrahims Rivalen Iskender Çelebi verbündet, bei dem Sultan gegen den Großwesir spricht und somit an dessen Fall gewiß nicht unschuldig ist.

Die Interessen Roxelanes richten sich nun in erster Linie auf die Thronfolge, einer ihrer Söhne soll siegen. Sie leitet viele Initiativen in die Wege, schafft wieder eine starke und kompakte Faktion, der ihre Tochter Mihrimah und deren Gatte Rüstem Pascha angehören. Dieser serbische Sklave, der als fleißig, nüchtern, zielstrebig und geizig gilt, erobert sich dank der Unterstützung Roxelanes und Mihrimahs die Gunst des Sultans und beginnt eine steile Karriere, wird Pascha, dann Großwesir. Der »kleine« Serbe mit dem aufgeblasenen, blauen Gesicht bringt nun die Männer aus seinem Gefolge an den Hof, denen bedeutende Regierungsämter übertragen werden.

Im letzten Jahrzehnt der Herrschaft des ›Prächtigen‹ spielt sich die politische Auseinandersetzung um seine Nachfolge auf dem Schauplatz der Feldzüge in Anatolien ab, das von den Safawiden bedroht wird. Rüstem Pascha bremst die Anstrengungen des Prinzen Mustafa, Sohn Gülbahars und Gouverneur von Amasya, um so die Chancen Selims auf die Thronfolge zu steigern. Hürrem hat guten Grund, Süleyman über einen mutmaßlichen, vom Prinzen angezettelten Komplott zu unterrichten. Mustafa wird am 5. Oktober 1553 in Aktepe in der Nähe von Konya ermordet. Die nur auf Verdacht gegründete grausame Ermordung erweist sich als politischer Fehlgriff Süleymans, denn er hat den einzigen Prinzen umgebracht, der in der Lage gewesen wäre, die ausgedehnten Territorien des Halbmonds nach ihm zu regieren.

Die Tötung des eigenen Sohns bringt Süleyman zahlreiche Kritiken ein, insbesondere aus den Reihen der Janitscharen und der Feudalherren Anatoliens. Krisen werden aus den westlichen Gebieten des Reichs gemeldet, in Rumelien bricht eine Revolte aus, die der Prinz Bayezit 1555 beilegen kann. So bleibt der Tod Mustafas ein persönlicher und politischer Triumph Roxelanes, die mit einem einzigen Streich ihre alte Rivalin, die Prinzessin Gülbahar, aus dem Weg räumt und ihren Sohn Selim auf den Thron bringt.

Eine kaiserliche Prinzessin vor dem Panorama von Konstantinopel.
George de La Chappelle, *Rucuel de divers Portraits...*, Paris 1648. Venedig, Biblioteca Nazionale Marciana.

Das Sultanat der Frauen

In der zweiten Hälfte des 16. Jahrhunderts treten neue Persönlichkeiten hervor. Die Nachfolger Süleymans entfernen sich allmählich von den Regierungsgeschäften, und die Staatsführung geht in die Hände der Frauen und der Sklaven im Palast über. Auf den Thron steigt zunächst Selim II. (1566–1574), ein Mann ohne Eigenschaften, dem Luxus, dem unmäßigen Essen und Trinken verfallen, man gibt ihm verdientermaßen den Beinamen *Sarhoş*, ›der Säufer‹. Obwohl er nicht eine einzige gute Eigenschaft des Vaters geerbt hat, zeitigt seine mangelnde Kompetenz keine sofortigen Auswirkungen auf die Regierung. Dies ist den Fähigkeiten des Großwesirs Sokullu Mehmet Pascha zu verdanken, einem fähigen Mann, der schnelle Entscheidungen trifft und die Regierungsgeschäfte führt. Auf Selim folgt Murat III. (1574–1595), der zwar eine gewisse Regierungserfahrung mitbringt, sich jedoch von seiner zügellosen Leidenschaft für das weibliche Geschlecht ständig ablenken läßt.

In dieser sich neu entwickelnden Machtdynamik tritt nun Cecilia Baffo-Venier auf, oder Nur Banu, die Gemahlin Selims II. und Mutter Murats. Um die Herkunft dieser Frau, der man politische Fähigkeiten nicht absprechen kann, streiten sich Venezianer und Zyprioten. Die Epoche der Osmanengeschichte, die man als das »Sultanat der Frauen« bezeichnet, beginnt mit dieser zurückhaltenden *valide*. ›Frau Licht‹ – so nennt man sie im Palast – weiß die Politik des Sohns mit Weisheit anzuregen und sich fest mit dem Großwesir Sokullu zu verbünden. Sie befürwortet eine ausgeglichene Regierung, erweist sich als ausgezeichnete Botschafterin, die es versteht, Frieden mit den bedeutendsten Feinden zu bewahren sowie Handels- und Freundschaftsverträge mit Venedig (1575), dem Iran (1574) und den Habsburgern (1577) abzuschließen.

Die ersten Zeichen des Verfalls dieser Epoche treten 1579 mit der Ermordung des Großwesirs auf. Es entsteht eine Oppositionsbewegung, die Korruption nimmt auf allen Ebenen der Staatsführung und der militärischen Kräfte zu. Der Tod Nur Banus, auf dem der Verdacht einer

Porträt des Sultans Selim II., Sohn von Suleiman. Codice Cicogna, *Memorie turchesche*, 17. Jh. Venedig, Bibliothek im Museo Correr.

Vergiftung lastet, ist ein weiterer Schritt auf dem Weg des langsamen Niedergangs. Die Sultanin, die den Staat mit Pragmatismus, großer Kompetenz und Zurückhaltung geführt hat, erweist sich zumindest in bezug auf ihren Charakter als würdige Nachkommin des venezianischen Geschlechts, von dem abstammen soll.

Die Stellung Nur Banus übernimmt 1583 Safiye, ›die Reine‹. Der Name der schönen von Murat begünstigten Sultanin, der Mutter von Mehmet III. (1595–1603), steht in krassem Gegensatz zu den Aktionen ihrer stürmischen Herrschaft. Die Hohe Pforte beginnt das neue Jahrhundert mit einem wahren Blutbad: Mehmet läßt neunzehn Brüder und zwanzig Schwestern ermorden. Es ist eine seiner wenigen politischen Handlungen, denn die Macht liegt fest in den Händen der Mutter Safiye. In achtzehn Jahren werden elf Großwesire ernannt und abgesetzt, der Mangel an politischer Kontinuität führt dazu, daß zahlreiche Revolten in Anatolien ausbrechen und alle militärischen Feldzüge mit schlimmen Niederlagen enden.

Intern wirkt sich die Situation zunächst wenig aus. Der Staat, so scheint es, ist immer noch mächtig genug, besitzt riesige Territorien und darf sich großen Reichtums erfreuen. Bei Hofe werden zarte Verse gedichtet, man befolgt streng alle Vorschriften des Islam, ist der Tradition treu. Der Sultan Ahmet I. (1603–1617) läßt in Istanbul die prächtige Blaue Moschee errichten, die dem glänzenden Monument der byzantinischen Kultur, der Hagia Sophia, in nichts nachsteht.

Nach der noch einigermaßen ruhigen Epoche Ahmets I. kommt es zu einer raschen Aufeinanderfolge der Sultane. Die Regierung liegt von 1617 bis 1651, abgesehen von einigen kurzen Phasen, in den Händen der Gemahlin Ahmets, der zielstrebigen und willensstarken Sultanin Kösem Mâhpeyker. Mit ihrer Zustimmung besteigt den Thron zunächst Mustafa I., den man bald des Schwachsinns beschuldigt, dann Osman II., der 1622 abgesetzt und ermordet wird. Die Ermordung Osmans durch die Janitscharen wirkt folgenschwer, denn sie verletzt das Prinzip der Heiligkeit und der Unantastbarkeit der Person des Sultans nachhaltig.

Kösem Mâhpeyker leitet die Regierung mit der Unterstützung des Serails. Sie kann auf die Frauen im Harem und auf die *ağa* der schwarzen Eunuchen zählen und

Zwar besitzt er eine gewisse Erfahrung in Staatsgeschäften, doch wird er ständig von seiner Leidenschaft für die Frauen abgelenkt, und so läßt der Sultan Murat sich in politischen Angelegenheiten gerne von der Mutter beraten, der charmanten Cecilia Baffo-Venier.
Codice Cicogna, *Memorie turchesche*, 17. Jh. Venedig, Bibliothek im Museo Correr.

führt die Politik mit den Mitteln der Klientelwirtschaft und der Machtzersplitterung. Die Großwesire wechseln einander ab, zwischen 1623 und 1632 sind es acht, von denen drei durch Gewalt umkommen und, der Zweckmäßigkeit des Augenblicks gehorchend, ersetzt werden. Die Thronbesteigung Murats IV. (1623–1640), der zwar jung ist, jedoch die Situation wieder in die Hand zu nehmen gedenkt, erscheint wie eine Wiederherstellung der Sultansmacht. Er hat Sinn für das Intellektuelle, tritt als Befürworter der Moral und der religiösen Tugenden auf, bringt Staatsfinanzen und -verwaltung wieder in Ordnung, der Staat gewinnt von neuem an Prestige auf der internationalen Bühne.

Ihrer Macht enthoben, jedoch nicht bereit, aufzugeben, gelingt es Kösem nach der kurzen Regierung Murats ihre Position wiederherzustellen. Sie bringt den geisteskranken İbrahim auf den Thron, der nicht in der Lage ist, die Staatsgeschäfte zu führen. Der Sultan wird erneut zur Marionette, und die alten Kämpfe gegenspielerischer Faktionen, der ständige Wechsel der Minister sowie die Vergeudung unglaublicher Vermögen kommen wieder in Gang. Von neuem greifen die Janitscharen ein, 1648 wird İbrahim ermordet. Den Palast erschüttert ein harter Machtkampf zwischen der Partei Kösems und der des Nachfolgers Mehmets IV., den seine Mutter Hatice Turhan unterstützt. Kösem unterliegt und wird 1651 erwürgt.

Mit Kösem Mâhpeyker endet eine traurige Periode in der Geschichte

Der wahnsinnige Sultan İbrahim I.

Sultan İbrahim I. (1640–1648), der mit dem Beinamen Deli, »der Wahnsinnige«, in die Geschichte eingegangen ist, kennt nur zwei absolute Leidenschaften: Pelze und Frauen. In den unglückseligen Jahren seiner Herrschaft füllt sich der Topkapı mit wertvollen Pelzen, die ohne Rücksicht auf Kosten erworben und von Ministern und Funktionären, wollen sie Karriere machen, herbeigeschafft werden müssen.

Wenn er gerade nicht damit beschäftigt ist, seine reiche Sammlung noch zu erweitern, verbringt I‹brahim die Zeit im Wohlbehagen seines Harems. Eine Neigung, die er mit fast allen seinen Vorgängern teilt und die also nicht erstaunen würde, beschränkte sich der Sultan auf die Vergabe teurer Geschenke. Doch er leidet an einer schweren geistigen Umnachtung und überschreibt seinen zahlreichen Favoritinnen die Renten des staatlichen Vermögens, zum Beispiel die, die von den Gouverneuren der Provinzen eingetrieben werden.

In der glücklichen Lage des absoluten Monarchen, der nur seinen eignen Willen kennt, ist I‹brahim doch eigentlich Sklave wie jeder andere Untertan des Osmanischen Reichs auch. Die wahre Macht liegt nämlich in den Händen zweier gegnerischer Faktionen. In den ersten Jahren führt die Regierungsgeschäfte der weise Großwesir Kemankes¸ Kara Mustafa Pascha, der intern politische Reformen durchführt, auf internationaler Ebene zu den anderen Staaten freundschaftliche Beziehungen pflegt. Der Großwesir wird 1664 ausgeschaltet, und die politische Führung geht in die Hände von Cinci Hoca, İbrahims Vormund, sowie in die der Mutter Kösem Mâhpeyker über.

Diese neue Partei zieht, um die Staatskassen etwas aufzufüllen, gegen die Insel Kreta in den Krieg. Doch die Auseinandersetzung mit Venedig – die zunächst keine sofortigen Ergebnisse beschert – reißt ein weiteres großes Loch in die öffentlichen Finanzen. Es kommt zu einer Konfliktsituation. Die schlecht und nun überhaupt nicht mehr bezahlten Janitscharen rebellieren und nehmen sich immer mehr Freiheiten heraus. In den Provinzen verwandeln sich die Eigentümer der Pfründe, der staatlichen Besitzungen *(timar)*, in Feudalherren. Die Regierungsämter, die man nach Verdienst zu vergeben und unter der strengen Aufsicht der zentralen Macht zu halten pflegte, werden nun an den Meistbietenden verkauft. Um die prunkvollen Geschenke, die sie für die Ernennung herausrücken müssen, wieder einzutreiben, versuchen die Funktionäre, den höchsten Profit aus ihren Ämtern zu schlagen. Wer zahlt, sind ihre Untergebenen und das Volk.

Die allmählich zerbröckelnde Macht führt im Reich zu Bestechung und Korruption, die Justiz beruht nur noch auf dem Zufall, Klientelwirtschaft ist an der Tagesordnung, denn jeder Beamte muß mit Gefälligkeiten und Geld einen großen Personenkreis unterhalten. Das perfekte Gleichgewicht, das sich zwischen Moslems und Ungläubigen, zwischen verschiedenen Völkern, unterschiedlichen sozialen Klassen, Untertanen und Monarch eingependelt hatte, der »Kreis der Gleichheit« – wie man diesen Zustand der Balance nannte und der im 15. und 16. Jahrhundert zahlreiche Europäer zur »Hohen Pforte« gelockt hatte, beginnt zu zerbrechen.

des Sultanenreichs, das durch Phasen des Lichts und des Schattens, des Verfalls und der Reformversuche hindurch noch knapp zweieinhalb Jahrhunderte überdauern wird. Sucht man die Gründe, die zu den Krisen des Halbmonds führen, so wird man oft auf die übermäßige Macht der Frauen und des Harems verwiesen. Eigentlich entsteht der Verfall jedoch aus vielen verpaßten Gelegenheiten: Im 16. Jahrhundert sind die Türken unfähig, die kulturelle und technologische Revolution nachzuvollziehen, die sich in Europa abspielt; danach wissen sie den wissenschaftlichen Fortschritt und all die Änderungen des Industriezeitalters nicht zu nutzen; schließlich halten sie auch über mehrere Entwicklungsphasen hinweg an allen konservativen und rückständigen Positionen ihres Weltbildes fest.

Das »Sultanat der Frauen« ist eigentlich eher eine Folge als eine Ursache. Jenseits aller offensichtlicher Degenerationserscheinungen bringt jene Epoche nicht nur Sultansmütter an die Macht, sondern mit ihnen ein umfangreiches Gefolge an Favoritinnen, Vermittlern und Eunuchen, die ihre Erfahrung der Entpersönlichung und des Schmerzes, der Einsamkeit und des Mangels an Liebe verbindet. In ihre grausame und unmäßige Ausübung der Macht scheinen die Frauen all die Schikanen hineinzutragen, die sie selbst erfahren und den hohen Preis, den sie bezahlt haben, um auf der vergänglichen Bühne des Osmanischen Reichs die Rolle der Primadonna spielen zu dürfen.

Kösem Mâhpeyker – eine waghalsige Sultanin

Wenn der Name ein Schicksal bedeutet, so steht Kösem Mâhpeyker gewiß als Sinnbild dafür. Mâhpeyker bedeutet ›Mondform‹, Kösem bezeichnet einen mutigen, waghalsigen Menschen. Die wenigen Porträts von Mâhpeyker zeigen uns das Bild einer großen, schlanken Person mit europäischen Gesichtszügen und bleicher Hautfarbe, eine verschwommene Gestalt, die sich anmaßend, den anderen überlegen und distanziert gibt, was insbesondere auf den Bildern deutlich wird, die sie inmitten der feinen Odalisken in ihrem Gefolge zeigen.

Gerne wird erzählt, Kösem sei 1589 in Griechenland geboren, habe Anastasia geheißen und sei Tochter eines orthodoxen Priesters. Das Mädchen wird als Gabe des Gouverneurs von Bosnien Favoritin des jungen Prinzen Ahmet I., der zu diesem Zeitpunkt das Amt des Sultans noch nicht von seinem Vater Mehmet III. übernommen hat.

Schon bald sitzt Kösem fest auf dem Thron, zunächst als Gemahlin Ahmets I., dann als Mutter Mustafas I., Murats IV. und İbrahims I. und zuletzt als Großmutter Mehmets IV. Sie regiert vierundvierzig Jahre mit wohlberechneten Intrigen, bringt die Macht der *valide sultan* auf das höchste Niveau.

Die Umstände verhelfen ihr zur Verwirklichung ihrer Träume. Das politische Spiel Kösems läuft nach einem einfachen, aber effizienten Schema ab. Die Prinzessin gewinnt die anderen Frauen und die Eunuchen für ihre Vorhaben, bindet ihre Befürworter in einem komplizierten Netz der Gunstbezeugungen an sich, dem man sich allein durch den Tod wieder entziehen kann. Sie weiß bestens mit den Gegenparteien zu verhandeln und versteht es ebenso schlau strategische Rückzüge vorzutäuschen, wenn die Umstände dies erfordern. In der komplizierten Osmanenpolitik gibt Mâhpeyker die Macht lange Jahre hindurch nicht aus der Hand und wird erst nach einem langen Kampf geschlagen, den die Mutter Mehmets IV., Hatice Turhan, gegen sie aufnimmt.

Ihr gewaltsamer Tod an einem Augusttag des Jahres 1651 setzt einem Lebens, das scheinbar keine Zugeständnisse kannte, ein Ende. Kösem ist als eine Frau in die Geschichte eingegangen, die es gewohnt war, Unterwerfung mit Geld zu bezahlen. Doch kennt sie auch Barmherzigkeit. Jedes Jahr besucht die Sultanin die Gefängnisse. Kranken gewährt sie Apanagen und versorgt arme, junge Mädchen mit einer Aussteuer. Aus ihrem persönlichen Vermögen finanziert sie Werke von allgemeinem Nutzen beispielsweise die Kanalisierung des Nils in Kairo.

Der mächtige Befehlshaber der Janitscharenmiliz mit einem Pagen.
Foggie diverse del vestire de' Turchi, 15. Jh.
Venedig, Biblioteca Nazionale Marciana.

Der Großwesir und andere bedeutende Würdenträger. Unten: Mitglieder der Janitscharenmiliz.
Giulio Ferrario, *Il costume antico e moderno…*, Mailand 1828. Venedig, Biblioteca Nazionale Marciana.

»Die Welt ist das Gefängnis der Gläubigen und das Paradies der Ungläubigen«

Mehmet IV. ist sechs Jahre alt, als er 1648 den Thron der »Hohe Pforte« besteigt. Die politische Szene der zweiten Hälfte des 17. Jahrhunderts wird somit von der Mutter des Knaben beherrscht, der weisen Hatice Turhan, sowie von der mächtigen Familie der Köprülü. Hatice Turhan ist groß von Wuchs,.elegant gekleidet und hat blaue Augen. Sie ist entschlossen und dennoch maßvoll in ihren Entscheidungen. In der Ukraine geboren, von den Tartaren entführt, gelangt sie schließlich in die Position der Regentin, die aktiv die politischen Geschäfte verfolgt. Das Großwesirentum dagegen liegt in den Händen einer Familie albanischen Ursprungs. Mehmet Köprülü und sein Sohn Fazıl Ahmet bringen Stabilität, indem sie entschlossen und unbeirrbar die Sanierung der Finanzen sowie die Wiederherstellung von Ruhe und Ordnung verfolgen und das Ansehen des Reichs im Ausland erneuern.

Die neue Regierung unterbindet die Ausschweifungen, die in der Vergangenheit unheilvolle Auswirkungen gezeitigt haben, und schränkt die Macht der *valide sultan* und des Harems ein. Hatice Turhan spielt bei diesen Änderungen eine aktive Rolle. Sie selbst unterstützt sie, indem sie sich langsam von den Regierungsgeschäften zurückzieht. Wie die anderen kaiserlichen Prinzessinnen fördert und finanziert sie den Bau von öffentlichen Einrichtungen. In der intellektuellen und künstlerischen Tätigkeit jener Epoche, die etwas hölzern, aber dennoch beachtenswert ist, strengt man sich an, neue Werke hervorzubringen. Hatice Turhan unterstützt den Bau der Yeni Camii in Eminönü. Stilistisch handelt es sich um eine wenig innovative Architektur, die in ihrer Eleganz fest an die Tradition der kaiserlichen Moscheen anknüpft, deren letztes Beispiel sie ist. Auch in die Geschäftswelt dringt neues Leben, Karawansereien und Märkte werden erbaut, 1660 eröffnet man den ägyptischen Basar, auf dem nur Gewürze, Drogen, Heilkräuter und -pflanzen gehandelt werden.

Das Zeitalter der Aufklärung fördert in der Türkei eine neue Mentalität, die nicht nur Reformen und Wandel sucht, sie strebt auch einen Wissensaustausch mit dem Abendland an, zeigt Interesse an dessen Technologien und dessen Lebensstil. Auf den Straßen des Osmanischen Reichs tummelt sich eine Vielzahl an Künstlern, Malern, Wissenschaftlern, Beobachtern und Diplomaten aus Europa, die die immer noch geheimnisvolle Welt des Halbmonds besser zu verstehen trachten. Zum ersten Mal finden sie nun Gesprächspartner unter den Osmanen, die ihre Haltung der Überlegenheit und des Abstands aufgeben und ebenfalls mit Neugier auf den Westen blicken.

Hätte dieser Wunsch nach Neuerung alle Machtbereiche mit einbezogen, so wäre dem osmanischen Staat der Sprung zu Fortschritt und Modernisierung gelungen. Doch die Opposition der Konservativen erweist sich als stark und hartnäckig, und das ganze 18. Jahrhundert hindurch liefern sich die Reformisten und die Reaktionäre einen erbitterten Kampf. Im Palast wendet man sich zunächst den Neuerungen zu. Der Sultan Ahmet III. (1703–1730), ein kultivierter und melancholischer Mann, der Blumen, Vögel und die Frauen liebt, teilt das Interesse für das Abendland.

Nach wie vor fein und frivol, widmet sich der Osmanenhof nun der Blumenzucht. In den verborgenen kaiserlichen Gärten züchtet man Tulpen und erzeugt neue, herrliche Arten. So ausgeprägt ist die Leidenschaft, daß eine ganze Epoche nach ihr benannt wird, die »Tulpenära«. In dieser Atmosphäre entsteht der Gedanke, in Frankreich eine osmanische Bot-

Folgende Doppelseite:
Das 18. Jh. bringt eine neue Mentalität in die Türkei, man sucht Reformen und Änderungen, den Wissensaustausch, möchte die technologischen Errungenschaften und die Bräuche des Abendlandes kennenlernen.
Jean-Baptist Huysmans, *Im Harem.*
London, Mathaf Gallery.

schaft zu eröffnen, eine so außerordentliche und wirkungsmächtige Idee, daß 1720–21 Mehmet Efendi Yirmisekiz auf Reisen geht. Als osmanischer Würdenträger ist er zwar den Traditionen verbunden, doch intelligent und neugierig genug, um ein europäisches Land zu entdecken und Neuerungen bis in das berühmteste Gynäzeum des großen Reichs zu tragen.

Die Frauen der »Tulpenära« sind von den Neuheiten begeistert. Sie lieben Blumen und alles, was modern ist. Begierig lassen sie sich von dem Geist der neuen Epoche anstecken, der aus Europa bis in die Straßen Istanbuls vorgedrungen ist. In der Türkei kommt die »Franzosenmode« auf, eine Art Pendant zur Vorliebe der Abendländer an all dem, was aus dem Orient stammt. Mehmet Efendi Yirmisekiz bringt aus Europa eine neue Auffassung der Welt mit, die ganz anders ist, als die der Osmanen, ohne Großwesir und ohne Harem. Zum anschaulichen Bild wird sie in Form von Hunderten von Drucken von französischen Schlössern, Villen und Gärten, die nun in Istanbul kursieren, neben sonderbaren Gegenständen, wie Brillen und Mikroskopen, betäubendem Geschmack, wie dem von tausend Flaschen Champagner oder neunhundert Flaschen Burgunder, die der Diplomat bei seiner Rückkehr ebenfalls im Gepäck hat. Dieser Wirbel der Sensationen mag den Botschafter zu folgendem Ausspruch veranlaßt haben, der aus dem Park des Schlosses von Marly überliefert ist: »Die Welt ist das Gefängnis der Gläubigen und das Paradies der Ungläubigen«.

Der Sultan und seine Frauen ahmen nun den Geschmack des französischen Hofs nach, und das kleine Sommerschloß Kağıthane in der Nähe von Istanbul wird in unglaublicher Geschwindigkeit in eine französische Residenz nach dem Vorbild von Versailles und Fontainebleau verwandelt. Die bedeutenden *valide* der damaligen Zeit – Mehpâre Emetüllah Râbia Gülnûs (ca. 1647–1715), die Mutter von Ahmet III., Sâliha Sebkatı (ca. 1680–1739), die Mutter von Mahmut I., Sehsüvâr (ca. 1682–1756), die Mutter von Osman III., Mihrişah (1745–1805), die Mutter von Selim III. – und die kaiserlichen Prinzessinnen beauftragen europäische Architekten mit dem Bau von Brunnen und Bauwerken, die diese im mit orientalischen Elementen und europäischen Dekorationen vermischten Rokokostil entwerfen.

Der Wunsch nach Neuerung besteht auch am Hofe des Sultans Ahmet III., eines gebildeten, melancholischen Mannes, der zum ersten Mal die offizielle Reise eines Würdenträgers nach Frankreich genehmigt.
Istanbul, Topkapı, Resim Galerisi.

Die Edelfrauen der oberen Klassen öffnen, wenn auch schüchtern, den in Istanbul lebenden europäischen Frauen die Haremstüren. Besuche waren bisher wegen des gegenseitigen Mißtrauens fast unmöglich. Während sich die älteren und konservativen Frauen jeglicher Begegnung verweigerten, so lebten die Europäerinnen – meist die Gemahlinnen von Botschaftern oder reichen Geschäftsleuten – in ihrer eigenen Welt in den europäischen Vierteln in Galata oder Pera und zeigten keinerlei Interesse an der Kultur und den Bräuchen der Osmanen. In dieser Mauer gegenseitigen Mißtrauens entstehen nun einige Öffnungen. Die beiden Frauenwelten entdecken, daß es doch eine Reihe von Problemen und Gefühlen gibt, die sie gemein haben: die Distanz zwischen ihnen scheint nicht länger unüberwindlich zu sein.

Zur Zeit des Sultans Ahmet III. (1703–1730) lebt Lady Montagu für einige Jahre in Istanbul. Sie zeigt wenig Interesse an den langweiligen, abgegriffenen Schicklichkeiten der nichtstuenden Gesellschaft in Pera und dringt als eine der ersten Europäerinnen in die Welt der osmanischen Frauen ein, die sie in ihren vielbeachteten Briefen beschreibt. Ihre Schilderungen bieten uns nicht nur eine ebenso realistische wie wahrheitsgetreue Sicht, sondern eröffnen die Möglichkeit, die Rolle der türkischen Frau in einem neuen Licht zu betrachten. Nach den oft schwer verdaulichen Erzählungen aus Männersicht, die die Welt des Harems immer nur aus zweiter Hand schildern und mit ihren Berichten zumeist gehörig auf den westlichen Geschmack abzielen, entdeckt Lady Montagu nun vollkommen unerwartete Aspekte.

Im Gegensatz zu dem gesetzten und förmlichen öffentlichen Leben, in dem Gefühle und selbst Fröhlichkeit nur sehr zurückhaltend zum Ausdruck kommen dürfen, lassen die Frauen im Gynäzeum ihren Gefühlen durchaus freien Lauf, ihren Träumen, ihren Leidenschaften, ihren Gedanken, und durchbrechen an jenem Ort also die Zensur, die so schwer auf der moslemischen Gesellschaft lastet. Auch sind sie finanziell ziemlich unabhängig, verfügen über eine dem Reichtum des Mannes angemessene Mitgift, die sie im Falle einer Trennung nutzen können. Sie sind nicht vollkommen ausgegrenzt, denn die familiären Bindungen sind sehr stark. Auch werden die Türkinnen nicht gehemmt durch eine von religiösen Verboten behinderte Schulmedizin, in der Autopsie und freies Experimentieren tabuisiert sind. Sie mögen wenig gelernt haben, doch dürfen sie denken, lieben und gebären, sie kennen ihren eigenen Körper, haben Schwangerschaft und Geburt fest in ihren Händen (ein Vermögen, das man heute in den fortschrittlichen westlichen Ländern zugunsten einer vermeintlich höheren Sicherheit verloren hat). Auch kennen sie bereits die vorbeugende Medizin und impfen erfolgreich gegen Pocken, eine zu jener Zeit in Europa völlig unbekannte Technik.

Doch sind die Türkinnen nicht nur an ihrem eigenen Körper und dessen Schönheit interessiert. Sie beginnen zu schreiben, und im 18. Jahrhundert finden sich Zeugnisse von Dichterinnen, wie etwa Zübeyde Fitnan Hanım, in der Literatur. Auch die Beziehungen zwischen Mann und Frau haben sich, selbst im streng formalistischen Harem, fortentwickelt. Die Favoritinnen kriechen nicht mehr in des Kaisers Bett, auch werden sie nicht mehr durch das Hinwerfen eines bestickten Tuches ausgewählt. An Widersprüchlichkeiten und Problemen mangelt es den Orientalinnen gewiß nicht, doch wenn man genau hinblickt – wie Lady Montagu – so erscheint der Harem als ein lebendiger Organismus, in dem das Leben voller Ideen und Aufregungen beständig pulsiert.

Der Sultan Mehmet IV. bestieg den Thron 1648 im Alter von sechs Jahren und regierte bis 1687. Istanbul, Topkapı, Resim Galerisi.

Das Ende eines Abenteuers

Rechte Seite:
Die glanzvolle Dekoration im Speisesaal Ahmets. III.
Istanbul, Topkapı.

Nach einer Version, die die Gelehrten der Vergangenheit besonders liebten, ist die Sultanin Nakşidil, die Mutter Mahmuts II. (1808-1839), eine junge Frau aus einer Adelsfamilie in Martinique. Es handelt sich um Aimée Dubuc de Rivery, eine Cousine von Josephine, der Frau Napoleons. Auch wird erzählt, den beiden Frauen habe man vorausgesagt, sie würden Königinnen werden, die eine in Europa, die andere im Orient. Nakşidil wird auf einer Meeresfahrt entführt, an den *bey*, den Herrscher von Algier, verkauft, der sie dem Sultan Abdülhamit I. schenkt. Mademoiselle de Rivery hat große blaue Augen, ist schön, fein, intelligent, gebildet und erobert recht bald die Gunst des Sultans. Viele Schriftsteller behaupten, Aimée habe eine bedeutende Rolle gespielt, sie sei die Förderin der Verwestlichung des Osmanenhofs gewesen und habe die Modernisierungspolitik Mahmuts II. inspiriert.

Doch sind die historischen Daten nicht stimmig. Die Frankreichliebe nimmt bereits viel früher, nämlich zu Beginn des 18. Jahrhunderts, ihren Anfang, auch hat sie vielschichtigere Ursprünge. Doch die Legende, die so viele erzählen und mit phantasievollen Einzelheiten ausschmücken, offenbart soviel, daß der Harem auch im 19. Jahrhundert noch ein geheimnisvoller Ort ist, an dem geschickte Prinzessinnen und Eunuchen behende ihre Spielchen treiben. Der Mythos des östlichen Universums wird in Europa von jenen Romantikern genährt, die Angst vor der Moderne und der sich überstürzenden Industrialisierung haben. Jene sind es die der »mit Kohlenrauch verpestete Wind der Gleichmacherei«, der im Westen bläst, nach Osten drängt, wo man noch Geheimnisse, Faszination und öffentlich zur Schau gestellten Luxus finden kann.

Während die westlichen Romantiker die ästhetische und hedonistische Dimension des türkischen Lebensstils verherrlichen, kranken die Osmanen sich in der Unentschiedenheit zwischen Vergangenheit und Zukunft. Das ganze Jahrhundert wird beherrscht vom Kampf zwischen innovativen und reaktionären Kräften, mal siegt die eine, mal die andere Richtung. An den Neuerungsversuchen nehmen die unterschiedlichsten Kräfte teil, auch Sultane und *valide*, die im Schutz des unveränderlichen, aufwendigen und komplizier-

Die Kaiserin Mihrişah im Zeitlater der Aufklärung

Der Wind der Neuerungen, der im 18. Jahrhundert durch das Reich des Halbmonds fegt, verändert auch die Bräuche und Gewohnheiten des Kaiserhofs, ändert das Verhältnis zwischen dem Herrscher und seinen Frauen, wandelt die Rolle der Sultaninmutter. Protagonistin dieser Bestrebungen nach Modernisierung ist die Prinzessin Mihrişah, Mutter des Sultans Selim III.

Um 1745 an einem unbekannten Ort geboren, gelangt sie als Sklavin in den Harem von Mustafa III. und avanciert in kurzer Zeit zur Favoritin des Sultans. 1761 wird Selim, der zukünftige Monarch, geboren. Dank seiner Erziehung wächst Selim III. in einer liberalen Atmosphäre auf und erweist sich als ein aufgeklärter Vorreiter der Reformen des 19. Jahrhunderts, indem er die Armee verjüngt, einen neuen, von europäischen Offizieren gedrillten Fanteriekorps bildet und eine Militärschule errichtet.

Die Weigerung der Moslems, in ungläubigem Land zu leben, wird aufgegeben, und in die bedeutendsten europäischen Hauptstädte, London, Wien, Paris, werden ständige Botschafter entsandt.

Die Sultanin Mihrişah engagiert sich nicht in der Politik, und wenn sie sich einmal an den Sultan wendet, dann erbittet sie einen Gefallen oder einen Gnadenakt. Sie ist eine fromme Frau, sowohl sie als auch ihr Sohn gehören der mystischen Sekte der Mevlana-Sufi aus dem sogenannten Orden der Tanzenden Dervische an. Sie sucht das kontemplative Leben und zieht nach Eyüp, einem auf einem Hügel gelegenen Stadtviertel von Instanbul. Dort ist es grün, ruhig und friedlich. Die Moslems lieben diesen Platz und verehren ihn als den heiligsten Ort der Stadt, denn hier befindet sich das Mausoleum von Ayyub Ansari, dem Standartenträger Mohammeds.

Von diesem von zahlreichen Klostern umgebenen Ort der Vergeistigung aus leitet Mihrişah umfassende Aktivitäten zur Schaffung religiöser Stiftungen. Sie besitzt eine große Bibliothek mit Miniaturen und Raritäten. Am 16. Oktober 1805 stirbt sie, erlebt also nicht mehr den traurigen Fall ihres Sohnes, der zwei Jahre später nach der reaktionären Revolte der Janitscharen abdanken muß.

Vornehme Türkin.
Venedig, Caffè Florian.

Die Moderne steckt auch die Frauen an, die Haremstüren öffnen sich den europäischen Frauen in Istanbul. Die Edelfrauen der oberen Schichten tragen alsbald französische Mode, doch unter dem Volk trägt man weiterhin die traditionelle Kleidung.
Turchia Album di 62 foto, s.d. Venedig, Biblioteca Nazionale Marciana.

Der herrliche Palast der Prinzessin Hatice, der Schwester Selims III., in Defterdar Burnu.
Ignaz Mellin, *Voyage pittoresque de Constantinople et du Bosphore*, Paris 1819.
Parma, Biblioteca Palatina.

Folgende Doppelseite:
Im 19. Jh. regen sich hinter den Kulissen des unveränderlichen und verworrenen, aufwendigen Lebens bei Hofe neue Gefühle. Die Frauen, die wenig gelernt haben, aber doch denken, lieben und nicht nur Kinder zur Welt bringen können, versuchen nun, die Zensur und den Formalismus des osmanischen Gesellschaft zu durchbrechen.
Eugène Delacroix, *Die Frauen von Algier,* 1834.
Paris, Musée du Louvre.

Linke Seite:
Der Empfangssaal der Sultaninmutter ist nach dem traditionellen Schema gebaut, doch überfüllt mit westlichen Möbeln, und verdeutlicht somit den Widerspruch zwischen dem Alten und dem Neuen, der die Osmanen belastet.
Istanbul, Dolmabahçe-Palast

Oben:
Das kaiserliche Bad aus Alabaster. Im 19. Jh. verlassen die Sultane und ihr Hof das Topkapı und ziehen in den neuen Dolmabahçe-Palast am Ufer des Bosporus, eine eklektisch ausgestattete Residenz.
Istanbul, Dolmabahçe-Palast

»Nur die Frauen behalten den alten Schleier und den Umhang, der die Formen verbirgt. Doch der Schleier ist durchsichtig geworden, und man sieht ein Hütchen mit Federn darunter, der Umhang verbirgt oft ein nach Pariser Mode zugeschnittenes Kleid.«
Turchia Album di 62 foto, s.d. Venedig, Biblioteca Nazionale Marciana.

ten asiatischen Protokolls ihre Aufmerksamkeit auf die Entwicklungen in Europa richten. Der Sultan Abdülmecit I. (1839-1861) spricht französisch, liebt die Künste und die Wissenschaften, und gemeinsam mit seiner Mutter Bezmiâlem (ca. 1807–1853), einer sensiblen und lebhaften Frau, tritt er als Neuerer auf.

Mitte des Jahrhunderts verlassen die ›Herren des Halbmonds‹ das Topkapı und ziehen an die Ufer des Bosporus in den Dolmabahçe-Palast, den ein junger armenischer Architekt entworfen hat. In dieser ebenso majestätischen wie eklektischen Residenz aus weißem Marmor, der im Reflex des Himmels und des Meeres bläulich schimmert, erarbeiten der Hof und die neuen Akteure der Gesellschaft – Juristen, Techniker, Gelehrte – den Aufbau eines modernen Universums. Die Niederschrift neuer Gesetze, die Verweltlichung des Unterrichts, die Ausbildung moderner Führungskräfte sind lobenswerte Initiativen. Gewiß erscheint die Verwirklichung all dieser Vorschläge bisweilen in krassem Gegensatz zur Realität der Osmanen, ganz so wie die luxuriösen Wohnungen des neuen Harems, der auch weiterhin nach traditionellem Schema errichtet, jedoch mit westlichen Möbeln und Hausrat jeglichen Geschmacks geradezu überfüllt wird.

Allmählich wandelt sich die Realität der Frauen des Sultans im 19. Jahrhundert, die Mauer der Isolierung wird an einigen Stellen brüchig. Die Prinzessinnen erhalten eine umfangreichere Bildung, mit großer Vorsicht und unter den wachsamen Augen der Eunuchen dürfen sie nun ausgehen und Kontakt zur Außenwelt aufnehmen. Die Rolle der *valide* hat Pertevniyel (ca. 1812–1883) inne. Sie ist Mutter des fortschrittlichen Sultans Abdülaziz (1861–1876), der so von der Begeisterung für Europa angesteckt ist, daß er gar eine Reise in die Welt der Ungläubigen wagt. Sie dauert zwar nur kurz, ist aber umso bedeutender, als zum ersten Mal in der osmanischen Geschichte ein Herrscher in den europäischen Westen reist.

Pertevniyel ist barmherzig und sehr religiös, mischt sich in die Regierungsgeschäfte des Sohns nicht ein. Doch engagiert sie sich in der Wohltätigkeit, verbindet ihren Namen

Rahime Perestû – die letzte Königin der Osmanen

Rahime Perestû, vierte Gattin von Abdülmecit I., ist eine intelligente und sehr charmante Frau. Sie ist von kleinem Wuchs, hat ein herzförmiges Gesicht, große blaue Augen und blonde Haare – man nennt sie Perestû, ›Kleine Schwalbe‹. Den Sultan erobert sie nur aufgrund ihrer Schönheit und ihres Charakters, denn sie ist steril und kann die Bindung zum Herren über alle Türken nicht mit einem gemeinsamen Kind festigen.

Jedoch ist eine der Frauen Abdülmecits, eine junge Tscherkessin, ist an Schwindsucht gestorben und hat den kleinen Abdülhamit verwaist zurückgelassen. Der Sultan beschließt, dem Kind eine Adoptivmutter zu geben. Er wählt Perestû, um sie über die Sterilität hinwegzutrösten, und wohl auch, weil sie eine außerordentliche Frau ist. Doch Abdülhamit ist ein introvertierter Einzelgänger, der krankhaft den Erinnerungen an seine leibliche Mutter nachhängt, er weist Perestûs Liebe von sich, und erst nach langen Jahren wird der junge Prinz, die Liebe der Frau belohnen.

Perestû ist die letzte *valide sultan* der türkischen Geschichte. Sie wird vermutlich um 1830 geboren, doch weiß man wenig über ihre ersten Lebensjahre. Sie besitzt einen maßvollen Charakter und ist eine gute Kennerin der menschlichen Seele. Die Sultanin bewegt sich am Rande der politischen Geschehnisse und übersteht ohne Zwischenfälle die nicht gerade glücklichen Jahre der Regierung Abdülhamits. Gewiß trägt sie nicht zum Emanzipierungsprozeß der Türkinnen bei, statt dessen kann sie sich die Liebe des mißtrauischen und rückschrittlichen Stiefsohns erhalten, indem sie das Ideal der Frau und der Mutter personifiziert, das Abdülhamit so gefällt.

Im Gegensatz zu ihrem Namen agiert Perestû nicht fröhlich und unbeschwert, sondern leitet den Harem mit der Strenge einer Ordensmutter. Im nüchternen und bescheidenen Gynäzeum Abdülhamits leben gerade so viele Frauen, wie es die Etikette vorschreibt. Der Sultan braucht die Frauen nicht für entfesselte Liebesnächte, auch sind sie nicht Gegenstand seiner Leidenschaften, so daß eine der Damen erklärt: »Er ist der höflichste und freundlichste aller Herren, aber er hat niemals jemanden geliebt, am wenigsten sich selbst.« Freundlichkeit, Höflichkeit, die Beachtung der guten Manieren und der Traditionen, das sind die Tugenden, die man bei Hof gegen Ende des Jahrhunderts schätzt.

Bezeichnend sind die Chroniken, die die Begegnung zwischen Perestû und der Gattin des deutschen Kaisers, Auguste, während eines Besuchs beschreiben. In den prunkvollen Räumen des Harems, überfüllt mit geschmacklosen Wiener Sesseln und minderwertigen Kuckucksuhren, wirkt die *valide sultan*, für den frühen Morgen in ein leuchtendes asiatisches Gewand gekleidet, anachronistisch und etwas pathetisch.

Die letzte Sultanin stirbt 1904 im Maçka-Palast, den ihr ihr Schwager Abdülaziz geschenkt hatte.

mit der Moschee, die man noch heute im Stadtviertel Aksaray bewundern kann. Ihre Nachfolge tritt für wenige Monate die Prinzessin Sevkefza (1820-1889) an, die Mutter von Murat V., einem Sultan, der von liberaler Gesinnung und Freimauerer ist und sich mit progressistisch ausgerichteten Geschäftsleuten und Literaten umgibt. Seine nur wenige Monate währende Amtszeit beendet eine drohende Geisteskrankheit. Nach seinem Tod am 29. August 1904 im unheimlichen Çırağan-Palast an den Ufern des Bosporus in der Nähe von Dolmabahçe gibt man den Frauen seines Harems die Freiheit zu heiraten.

Als im August 1876 Murat zugunsten seines Bruders Abdülhamit II. (1876–1909) zurücktritt, bejubelt das Volk den Neuerwählten als einen liberalen Monarchen und Erneuerer. Doch der häßliche, bleiche Mann mit der Adlernase ist argwöhnisch und ängstlich, handelt recht bald allen Erwartungen seiner Anhänger zuwider und erweist sich als autoritär, wie sein Beiname ›der Rote Sultan‹ andeutet.

Abdülhamit ist ein Despot, der eine unglaubliche Macht in seinen Hände vereint, indem er die Großwesire schwächt und alle Leute an der Regierung ständig austauscht. Er unterstützt die panislamische Ideologie ebenso wie die des Nationalismus, was zu starken Spannungen unter den vielen Völkern des Reichs führt. Für sich fordert er die Rolle des Sultans und Kalifen, schafft die erst 1876 in Kraft getretene osmanische Verfassung wieder ab und löst das Parlament auf, das ebenfalls erst seit einem Jahr existiert. Mit diesem Sultan wird zum ersten Mal in der Geschichte eine Adoptivmutter *valide sultan*, und zwar Rahime Perestû, der Abdülmecit den jungen Prinzen anvertraute, als er sechsjährig Waise geworden war. Perestû ist auch die letzte osmanische Kaiserin, denn die Mütter der beiden folgenden Osman-Nachkommen sterben, noch bevor ihre Söhne den Thron besteigen.

Während der repressiven Regierung des ›Roten Sultans‹ erfährt auch die Emanzipation der Frauen einen Rückschlag. Die Frauen der oberen Klassen

Die Türkinnen lieben die frische Luft, in Begleitung von Dienern und Eunuchen machen sie gerne einen Ausflug in die Umgebung von Konstantinopel.
Turchia Album di 62 foto, s.d. Venedig, Biblioteca Nazionale Marciana.

haben mittlerweile westliche Verhaltensweisen angenommen, Dank des Einflusses der europäischen Zeitungen und des Beispiels der Abendländerinnen beginnen die Osmaninnen, die Freuden solcher Freiheit zu genießen. Auf den Straßen Istanbuls wimmelt es von Frauen. Noch immer tragen sie einen Schleier, doch ist er so durchsichtig geworden, daß Zweifel über die Gesichtszüge nicht mehr aufkommen können. Unter den immer noch bis an die Knöchel reichenden farbenfreudigen Übermänteln tragen sie waghalsige französische Mode.

Abdülhamit setzt strengere moralische Verhaltensregeln durch, und 1901 erläßt der ängstliche Sultan eine Verfügung, die den Frauen verbietet, europäische Geschäfte und Märkte zu betreten. Der Schleier ist von neuem Pflicht, Länge und Dichte werden vorgeschrieben, auf der Straße dürfen sich die Frauen unter Androhung der Haftstrafe nur in männlicher Begleitung bewegen.

Der letzte Herrscher des Osmanenreiches, Mehmet VI., regierte von 1918 bis 1922. Istanbul, Topkapı, Resim Galerisi.

In dieser Atmosphäre lebt der kaiserliche Harem, der ja immer den strengsten Regeln unterstand, erneut eingeschlossen in der glänzenden Einsamkeit von Dolmabahçe. Dennoch munkelt man, der Sultan werde allen strengen Regeln zum Trotz von einer Frau belgischer Herkunft hintergangen, der freien Flora Cordier, einer ebenso unabhängigen wie charmanten Geschäftsfrau.

Die Schritte auf dem Weg der Modernisierung waren aber nicht umsonst, und der Emanzipierungsprozeß kann nicht unter dem Einfluß eines rückschrittlichen Sultans aufgehalten werden. Die Revolution der Jungtürken bricht im Juli 1908 aus, die Frauen nehmen aktiv daran teil, sie demonstrieren für die Abschaffung des Schleiers und die Teilnahme am öffentlichen Leben. In jenen Jahren entstehen Frauenverbände, die sowohl philantropische als auch radikalere Ziele verfolgen. Obwohl es sich um auf wenige Frauen aus der oberen Gesellschaftsschicht beschränkte Bewegungen handelt, so stellen sie doch einen Kontakt zu den feministischen Strömungen in Europa her, rufen Frauenzeitungen und Frauenliteratur ins Leben.

Mit der Absetzung des ›Roten Sultans‹ 1909 erlebt das geheimnisvolle Universum des Harems einen harten Schock. Schon seit der alte Serail in ein Kriegsministerium umgewandelt worden war, hatte man die Frauen der verstorbenen Sultane in den vom Hof verlassenen Topkapı gebracht. Die Regierung der Jungtürken löst nun die Unterdrückung des Harems auf, und mit erstaunlicher Radikalität veröffentlichen sie in den Zeitungen Mitteilungen, um die Herkunftsfamilien der abgeschieden lebenden Favoritinnen herauszufinden. Der Serail, das intimste Gesicht der ›Herren aus dem Altai‹, existiert nicht mehr, und die letzte, heftig beeindruckende Szene ist die Prozession der verschüchterten und desorientierten Frauen, die die Schwelle des Palasts überschreiten.

Die letzten beiden Nachkommen der Hauses Osman auf dem Sultansthron sind Mehmet V. (1909–1918) und Mehmet VI. (1918–1922), doch trotz ihrer ruhmreichen Namen, halten sie nicht einmal mehr den Schatten der Macht in ihren Händen. In den letzten Jahren des Ersten Weltkriegs, in den die Türkei auf seiten der Mittelmächte verwickelt wird, und in den katastrophalen Nachkriegszeiten verblassen die Gestalten der Sultane, werden zur Illusion. Am 1. November 1922 wird dann offiziell das Sultanat abgeschafft. Abdülmecit II. (1922–1924), das letzte Oberhaupt der Osmanen, hat nur noch des Amt des Kalifen inne. Unter der neuen juristischen Ordnung, die sich langsam abzeichnet, werden die Ehe- und Scheidungsregeln vollkommen umgeändert, die Grundlagen für eine Gleichheit zwischen Mann und Frau geschaffen. Während das Land von großen historischen Umwälzungen erschüttert wird, überlebt im Dolmabahçe-Palast ein winzig kleines Gynäzeum.

Von himmlischer Schönheit, Noblesse, nach französischer Mode gekleidet, geistern die letzten Prinzessinnen in den sinnlos prunkvollen Räumen der Kaiserresidenz umher. Sie wissen, daß für sie und für ihren Herren der Moment gekommen ist, sich zurückzuziehen und die Bühne freizugeben für den neuen Feldherren, den *gazi*, der das Reich am 13. Oktober 1923 in eine Republik verwandeln, im Jahr 1926 die Polygamie abschaffen und damit zumindest auf dem Papier die Gleichberechtigung zwischen Mann und Frau besiegeln wird.

Prinzessinnen im Palast.
Turchia Album di 62 foto, s.d. Venedig, Biblioteca Nazionale Marciana.

Register

Register, Fortsetzung

Bildquellen

Bassano, Pinacoteca 12, 140–141
Besançon, Musée des Beaux-Arts et Archéologie, Foto Ch. Choffet 64–65
Bologna, Biblioteca dell'Archiginnasio, Foto Magic Vision 48, 54, 58, 66, 67, 69, 72, 73, 74, 80, 82, 91, 93, 98, 120, 131, 144, 114–145
Bourg en Besse, Collection Musée de Brou, Foto des Museums 78–79
Istanbul, T.C. Kültur Bakanlig, Topkapı Serayi Müresı Müdürlugü 53, 75, 116, 119, 156, 159, 166, 172, 173, 184
Liverpool, Board of Trustees of the National Museums and Galleries on Merseyside (Walker Art Gallery) 142, 142
London, Abb. mit Erlaubnis der Trustees of Wallace Collection 22–23
London, Courtesy Chaucer Fine Arts Ltd 8-9
London, Courtesy Malhaf Gallery 16, 17, 126–127, 133, 136-137, 152-153, 160–161, 170–171
London, Francesco Ventun 42–43, 45, 46, 47, 56, 57, 83, 84, 88, 89, 92, 97, 100, 101, 106–107, 123, 130, 140, 180, 181
London, Sotheby's Picture Library 157
Nantes AG, Nantes, Musée des Beaux-Arts 102–103, 109
Neapel, Luciano Pedicini, Archivo dell'Arte 44
Paris, Maghera s.a., Galerie Nataf 132
Paris, Réunion des Musées Nationaux 120–121, 128–129, 178–179
Paris, Réunion des Musées Nationaux, Arnaudet 113
Parma, Biblioteca Palatina su concessione del Ministerio per i Beni Culturali e Ambientali, Foto Ernesto Greci 32–33, 52–53, 86–87, 149, 176–177
Pau, Musée des Beaux-Arts, Foto J. Ch. Poumeyrol 127
Rom, Galleria Nazionale d'Arte Moderna su concessione del Ministerio per i Beni Culturali e Ambientali, foto A. De Luca 14–15
Toulouse, Musée des Augustins 20, 21
Venedig, Biblioteca Nazionale su concessione del Ministerio per i Beni Culturali e Ambientali, Foto Toso 10, 11, 13, 14, 18, 19, 26–27, 30, 31, 35, 39, 59, 63, 70, 71, 76, 81, 94, 99, 108, 110, 111, 112, 118, 134, 135, 138, 146, 147, 150, 151, 176, 182, 183, 185
Venedig, Flavio Birri 11, 14, 25, 32, 34, 35, 37, 62, 73, 77, 85, 95, 96, 99, 122, 124, 125, 138, 148, 154, 155, 163, 167, 168
Venedig, Fototeca Museo Correr 28, 36, 50, 60–61, 90–91, 158–159, 164, 165
Venedig, Instituto di Storia dell'Arte della Fondazione G. Cini, Foto I. Candio 68–69
Venedig, Mark Smith 51, 117, 174
Washington, Board of Trustees, National Gallery of Art 114–115
Die Abbildungen auf folgenden Seiten wurden freundlicherweise von der Verfasserin zur Verfügung gestellt: 24, 40, 41, 53, 55, 104, 105, 162